光尘
LUXOPUS

科学营销

郑毓煌 著

图书在版编目（CIP）数据

科学营销 / 郑毓煌著 . -- 北京：中信出版社，2023.3（2024.7 重印）

ISBN 978-7-5217-5105-5

Ⅰ.①科… Ⅱ.①郑… Ⅲ.①市场营销学 Ⅳ.①F713.50

中国版本图书馆 CIP 数据核字（2022）第 250944 号

科学营销
著者：　郑毓煌
出版发行：中信出版集团股份有限公司
　　　　　（北京市朝阳区东三环北路 27 号嘉铭中心　邮编　100020）
承印者：　北京中科印刷有限公司

开本：880mm×1230mm 1/32　印张：9.25　字数：160 千字
版次：2023 年 3 月第 1 版　　印次：2024 年 7 月第 15 次印刷
书号：ISBN 978-7-5217-5105-5
定价：79.00 元

版权所有·侵权必究
如有印刷、装订问题，本公司负责调换。
服务热线：400-600-8099
投稿邮箱：author@citicpub.com

目录

前言 / V
人人都需要学习营销，99%的人却都误解了营销

第一章　营销本质　001
围绕顾客价值的八个字

007　商业竞争：什么是企业的核心竞争力？
016　营销的本质：围绕顾客价值的八个字
024　营销的目的：如何让推销变得多余？
033　营销短视症：看不见的敌人最可怕
049　营销理念：世界百年营销史的演变
057　科学营销：什么是科特勒科学营销体系？

第二章 市场分析 063
如何洞察市场？

070　PEST：如何进行宏观环境分析？
079　BCG 矩阵：如何选择进入不同的行业？
085　4C 模型和波特五力：如何分析行业环境？
100　洞察顾客：获得诺贝尔奖的营销底层思维
111　市场调研：营销决策为什么不能"拍脑袋"？

第三章 市场战略 123
市场细分、目标市场选择和市场定位

131　市场细分和目标市场选择：
　　　寻找市场机会的金钥匙
146　市场定位：如何在竞争中脱颖而出？
156　打造品牌：如何让你的品牌深入人心？
167　如何吸引顾客？为顾客创造价值
176　如何获得顾客满意？超越顾客预期
181　如何打造顾客忠诚？建立终身关系

第四章 营销策略 193
让顾客欲罢不能的五大方法

201　产品策略：如何打造火爆的产品？
206　服务策略：如何让顾客满意并建立竞争优势？
210　定价策略：如何提高市场份额或利润率？
221　渠道策略：如何让产品触手可及？
227　传播/沟通策略：酒香也怕巷子深

后记　中国企业需要什么样的营销？ / 243

参考文献 / 257

推荐语 / 259

259　学术界推荐语
265　企业界推荐语
274　媒体界、出版界、咨询界推荐语

前言

人人都需要学习营销，99% 的人却都误解了营销

2000 年，我开始在哥伦比亚大学商学院攻读营销学博士学位。在我研究和教授营销的 20 多年职业生涯里，经常会有学生问我："郑老师，营销真有那么重要吗？学营销到底有什么用呢？"

我先和大家分享一个统计结果——全球大多数企业的 CEO（首席执行官）都是营销出身，例如国外这些大名鼎鼎的企业家：

- 沃尔玛公司创始人山姆·沃尔顿
- IBM（国际商业机器公司）创始人托马斯·沃森
- 松下公司创始人松下幸之助

- 思科公司董事会主席兼 CEO 约翰·钱伯斯
- 甲骨文公司 CEO 和惠普公司前董事会主席兼 CEO 马克·赫德
- 强生公司董事会主席兼 CEO 威廉·韦尔登
- "可口可乐之父"罗伯特·伍德鲁夫

看完这些国外企业家的例子,不妨再来看看国内企业家的例子:

- 长江集团创始人李嘉诚
- 阿里巴巴创始人马云
- 农夫山泉创始人钟睒睒
- 京东集团创始人刘强东
- 格力电器董事长董明珠
- 美的集团董事长方洪波

看吧,营销真的太重要了!为什么 CEO 们大多数都是营销出身呢?营销是企业里负责获得顾客的职能,也就是获得收入的职能。如果没有顾客,企业就没有了收入,也就无法生存下去。正因为如此,CEO 们大都是营销出身。而且,这些优秀的企业家都为自己的营销工作感到自豪。1923年，被誉为"可口可乐之父"的罗伯特·伍德鲁夫在当上可口可乐公司的第二任董事长兼总经理后，常对人说这样一句口头禅："我就是一个推销员。"

市场营销是如此重要，然而，在中国，99%的人都对营销有误解，大多数人认为营销就是推广或者销售东西。或许，这是营销这个词翻译的原因。在英文里，market（市场）作为动词有"营销"的意思。在香港，商学院没有营销系，只有市场学系。然而，由于在中国内地，marketing（market作为动词的现在分词形式）一词被翻译为"营销"，很多人在直觉上就把营销当成推销或者销售。事实上，真正了解营销的人都知道，"现代管理学之父"彼得·德鲁克对营销的定义就是"营销的目的是让推销变得多余"。

大多数人对营销的误解还体现在：很多人都把产品和营销对立。事实上，早在1960年，全球营销学大师杰罗姆·麦卡锡就提出了经典营销理论框架"4P"[product（产品）、price（定价）、place（渠道）、promotion（推广）]，其中第一个"P"就是产品。一个好的产品是技术研发人员和市场营销人员共同努力的结果。如果没有市场营销人员对顾客需求的洞察，技术研发人员就很容易研发出顾客不愿意购买的产品，从而导致一个产品在商业上的失败。一个产品能否在市场上成功，不仅取决于产品本身的技术，还取决于品牌、包装、定价、渠道、服务等。历史上，有许多技术非常先进的产品最后却在市场上失败了，比如著名的协和超音速飞机和空中客车 A380 飞机。

用"现代营销学之父"菲利普·科特勒的话来说，99% 的人都以为营销只是上述 4P 中的一个 P（promotion），也就是推广。而真正知道营销包括上述 4P 的人，不到 1%。事实上，4P 只是营销组合策略，营销的职责还包括企业打造具体营销组合策略前的市场战略制定阶段：企业如何进行市场细分？企业应该选择哪个或哪些细分市场作为目标市场？企业该如何进行市场定位？市场细分、目标市场选择和市场定位被简称为 STP（segmentation、targeting、positioning）。可以说，STP 是企业进行市场营销的核心，也是每家企业的 CEO 需要亲自带头抓的头等工作。

最后，大多数人对营销的误解还在于，很多人认为自己的工作和营销无关，因此没必要学习营销。你可能会说："我又没有企业要管理，也不想当企业家，营销对我有什么用呢？"事实上，营销不但对每家企业至关重要，而且是每个人都会在日常生活和工作中遇到的，营销是每个人都应该掌握的基本能力，是社交、职场等各个维度里每个人都应该学习的一种思维。

例如，在社交维度，每个人都希望自己成为在学校、工作单位或者朋友圈里受欢迎的人，然而真正能够做到的并不多。又如，在职场维度，掌握营销思维可以使自己更容易晋升，拥有更成功的事业。经常有人抱怨，自己很有能力，工作也非常努力，却总是得不到领导的重视。其实，这可能是由于他缺乏"以顾客为中心"的营销思维，缺乏站在领导角度看问题的能力。因此，营销思维的学习对每个人都至关重要。

即使对政府等公共机构或非营利机构而言，也要拥有市场营销的理念。例如，不论是国家、省还是城市，要想吸引外地游客，都需要学习市场营销。又如，各国政府要竞争奥运会举办资格，要想获得多数票，同样需要用到市场营销。政府公共部门要想提高老百姓的满意度，也需要学习"以顾客为中心"的营销理念。甚至，我们每个人的名字其实也都是一个品牌。如何让自己更成功、更有影响力？这些都离不开营销的理念和方法。

营销对每家企业和每个人如此重要，江湖上各种教营销的人和书却鱼龙混杂，很多都只是窥豹一斑、盲人摸象。要想系统学习营销，最权威的著作莫过于"现代营销学之父"菲利普·科特勒的《营销管理》。这本书自1967年出版以来已经再版16次，全球销量超过1 000万册，是各大商学院营销课程的必读教材，影响了无数企业家和企业高管，被誉为营销学的"圣经"。然而，由于这本教科书太厚（《营销管理》第16版的字数为110万字）和太专业，很多人无法读完全书。正因如此，在20多年的营销研究和教学之后，在教了上万名企业家和企业高管学生之后，我觉得非常有必要写一本短小精悍、人人都能看懂的市场营销书，并向大众普及科特勒科学营销体系。

值得一提的是，科特勒科学营销体系并非菲利普·科特勒一个人提出的，而是他整合了多位管理学家、战略学家和营销学家的思想和智慧，其中包括彼得·德鲁克提出的营销目的、西奥多·莱维特提出的营销短视症、杰罗姆·麦卡锡提出的4P、温德尔·史密斯提出的细分、艾·里斯和杰克·特劳特提出的定位、迈克尔·波特提出的竞争战略等许多理论。正因为菲利普·科特勒是营销的集大成者，开创了营销这个学科，他被誉为"现代营销学之父"。

经过多年的努力，这本书终于要出版了。在本书中，我分享了我对科特勒科学营销体系的理解，并通过上百个中外品牌成功或失败案例的解析，帮助营销零基础的人迅速掌握营销的基本理念和方法，也帮助已在市场一线工作多年的企业家和企业高管轻松掌握科特勒科学营销体系，从而更系统地从事市场营销工作。同时，也希望通过这本书帮助每个人把营销的思维、理念和方法运用到生活、社交、职场中，提升个人影响力和竞争力。

接下来，就让我们一起开启科学营销的学习之旅吧！

郑毓煌

哥伦比亚大学营销学博士

清华大学营销学博士生导师

世界营销名人堂中国区评委

2022年12月于清华园

第一章

营销本质
围绕顾客价值的八个字

1976年，史蒂夫·乔布斯和斯蒂夫·沃兹尼亚克在乔布斯家的车库里创办了苹果公司，之后改变了全球的个人电脑行业。截至2022年11月23日，苹果公司的市值高达2.4万亿美元，高居全球第一。在2022年Interbrand（全球最著名的品牌咨询公司）全球品牌百强排行榜中，苹果也高居第一。

苹果公司成功的秘密是什么？

首先，苹果的创新基因一直为业界所称颂。1977年，由沃兹尼亚克发明的Apple II电脑引领了个人电脑行业。从1977年诞生到之后的16年里，Apple II电脑共售出近600万台。可以说，Apple II电脑真正开创了个人电脑产业。1984年，由乔布斯带领团队发明的麦金塔电脑更是使用了图形界面的操作系统和鼠标，震撼世界。1997年，乔布斯回归苹果公司之后，苹果公司再次以多项伟大的创新改变了世界：iPod（苹果音乐播放器）、iTunes（苹果音乐商店）、iPhone（苹果智能手机）、App Store（苹果应用商店）、iPad（苹果平板电脑）、Apple Watch（苹果智能手表）、AirPods（苹果无线耳机）等。即使在智能手机竞争非常激烈的今天，苹果仍然在技术创新上领先同行，例如苹果研发的芯片非常强劲，而其他很多手机公司却没有自己的芯片。

其次，苹果的营销基因更是不可思议。1976年创立苹果公司时，年仅21岁的乔布斯就从风险投资人、苹果公司联合创始人迈克·马库拉身上学到了三个"苹果营销哲学论"：共鸣（empathy，产品要紧密结合顾客的感受）、专注（focus，拒绝所有不重要的机会）、灌输（impute，用精美的包装等细节传递产品形象）。1977年，在沃兹尼亚克成功研发和制作出Apple Ⅱ电脑之后，乔布斯的营销能力也对Apple Ⅱ电脑的成功起了至关重要的作用。当时，尽管苹果只是一家初创企业，但在参加首届美国西海岸电脑展览会时，乔布斯就用5 000美元的高价租到了展厅里最好的位置。此外，别的厂商的展位都只用普通的桌子和硬纸板牌子，苹果公司则用上了铺着黑色天鹅绒布的柜台。Apple Ⅱ电脑的包装箱也非常漂亮，比其他展台上的那些丑陋机器或者裸露的电路板显得有档次多了。这些营销做法帮助苹果公司在这次展会上获得了300份订单，

Apple II 电脑一炮走红。

1984年，乔布斯的营销天赋在他发布麦金塔电脑时得到了完美的体现。乔布斯非常重视发布会，在发布会前认真准备每个细节，并多次排练，以给用户留下最好的印象。1997年乔布斯回归苹果公司之后，苹果公司的每一场发布会也都成为全球瞩目的事件。在渠道策略上，除了常规的代理商销售，2001年，苹果公司开设了第一家线下零售店，结果被证明是一个非常成功的营销策略。截至2021年12月15日，苹果公司在全球已有516家线下零售店，其每平方米接近40万元的坪效更是在全球零售店中排名第一，超过蒂芙尼等钻石和珠宝品牌零售店的坪效（蒂芙尼的坪效约为每平方米20万元）。更重要的是，苹果线下零售店缩短了苹果与消费者之间的距离，提升了品牌知名度，增加了互动，并且给苹果公司带来了很多有益的用户反馈。同时，零售店还扩大了苹果公司的影响力。每次新产品发布，都吸引了大量苹果粉丝在苹果零售店外排队购买。

在广告传播上，苹果公司也非常有创意。苹果公司于1984年推出的广告片《1984》和1997年乔布斯回归苹果后推出的系列广告"非同凡想"（Think Different）都广受赞誉，帮助苹果公司成功把自己定位为一个敢于创新和冒险、不墨守成规的品牌。这让苹果公司在后来与微软的竞争中占有很大的优势。事实上,比尔·盖茨和乔布斯是同龄人,但两个人和两家公司在消费者内心的感知非常不一样,大多数人觉得微软和比尔·盖茨非常保守和传统,而苹果和乔布斯非常创新和前卫。

总之,苹果公司在创新与营销上都非常优秀,却根本不做制造——它把制造交给其在亚洲的代工商,包括富士康公司等。要知道,富士康公司在中国大陆就拥有超过 100 万名员工,而苹果公司在全球只有 10 万多名员工。但是,苹果公司的市值、营收和利润都远超富士康。

商业竞争：
什么是企业的核心竞争力？

1. 营销和创新是企业的两个基本职能

什么是企业的核心竞争力？相应地，什么是企业的核心职能？关于这个问题，我经常在清华课堂上问企业家和企业高管学生，每个人的回答都非常不一样。有的人觉得人力资源最重要（只有人才是最重要的），有的人觉得金融和财务最重要（没有钱什么也干不了），有的人觉得研发和技术创新最重要（技术是一切变革的推动力），还有的人则觉得市场营销最重要（顾客是上帝），听起来都有各自的理由。的确，这些职能都是企业竞争力的重要组成部分。那么，究竟什么才是企业的核心竞争力和核心职能？

彼得·德鲁克对这个问题做了非常具有前瞻性的回答，在他1954年的经典著作《管理的实践》中有这样一句话："营销和创新是任何企业都有且仅有的两个基本职能。"彼得·德鲁克之所以这么说，是因为他认为"企业的目的是创造顾客"，而企业要想创造顾客，就需要营销和创新这两个基本职能。

如果你觉得彼得·德鲁克是学者而非企业家，那么我们还可以看看企业界前辈的看法。中国台湾"企业家教父"、宏碁集团创始人施振荣曾经提出著名的"微笑曲线"理论。微笑曲线理论认为，如果一家企业做的是制造，它所创造的附加值就比较低，而附加值最丰厚的区域，正好集中在微笑曲线的两端——研发创新和市场营销。

不论是"现代管理学之父"彼得·德鲁克，还是企业界老前辈施振荣，都认为营销和创新是企业最基本的两个职能，也是附加值最高的两个职能。本章的开篇案例苹果公司的成功也印证了这一看法。

2. 营销和创新，哪个更重要？

如果营销和创新不可兼得，你会选择哪一个？究竟哪个才是企业最重要的竞争力？我和美国哥伦比亚大学教授、营销大师诺埃尔·凯普曾经一起在《清华管理评论》上联合署名发文，指出："市场营销是企业最核心的竞争力，也是企业最核心的职能。没有之一。"

因为顾客决定了企业存在的意义。没有顾客，任何企业都将无法生存，只有顾客能为企业贡献收入和利润，而市场营销正是企业创造并留住顾客的能力。

彼得·德鲁克说过："顾客决定了企业是什么，并且只能是顾客，通过愿意为一个商品或一种服务买单，将经济资源转变为财富，把物品转变为商品。"

任何一家刚刚创立的小企业，可以没有研发人员，没有财务人员，没有人力资源人员，没有行政人员，但唯一不可缺少的，就是寻找顾客和获取收入的营销人员。这些小企业的创业者往往自己就是营销人员，他们努力寻找并服务顾客，因为他们打心底里知道，找到愿意买单的顾客才是企业最关键的任务。

事实上，即使是一些规模较大的企业，也可能没有研发人员。例如，很多贸易型企业就没有自己的产品研发部门。因为贸易型企业自己并不研发产品，而是从各个产品制造商那里进货，再卖货给顾客。从这个角度看，创新能力不是必需的，但获得客户的市场营销能力却是必不可少的。

其次，营销和创新的区别在于，营销以顾客为中心，而创新以技术为中心。对大学等非营利科研机构来说，创新是最重要的。然而，对企业来说，由于企业是营利机构，很多技术上伟大的创新可能由于成本等原因而无法赢利。例如，人类现在还无法飞到火星，最先进的无人探测器也要经过半年以上的时间才能飞到距离地球平均约2.25亿千米之远的火星（火星离地球的最近距离约为5 500万千米，最远距离约为4亿千米）。但假如研究人员研发出一个类似的能载人飞到火星并安全返回的飞行器，火星旅行会有商业前景吗？首先，昂贵的价格使全世界没有几个人负担得起去火星旅游一趟的费用。现在少数富人可以去距离地表90千米的太空旅行一趟，价格大约是5 000万美元。假如技术上也可以载人往返距离地球平均2.25亿千米的火星，单人价格恐怕会高达10亿美元甚至更高，而能够支付10亿美元的人全世界都屈指可数——根据福布斯亿万富豪排行榜，全世界大约只有几千人身家在10亿美元以上。即使是那些能支付10亿美元票价的富豪，也不一定愿意去火星，毕竟从地球到火星的往返行程至少要花好几年，待在一个密闭的飞行器里这么久并面临诸多的生理心理挑战，大多数亿万富豪根本受不了。因此，火星旅行这个创新设想即使非常伟大，也可能在商业上根本无法赢利。

事实上，商业比技术更加复杂，不仅要考虑技术的可行性，还要考虑该技术能否被顾客接受（财务、心理、生理等多个维度）。由此我们就可以理解，为什么类似探索火星这样的伟大创新大都是由政府去资助科研机构进行研究，企业却基本上不愿意花钱去做这样的研究，因为这种研究不仅需要耗费巨资（中国历年首富如钟睒睒、马云、马化腾的钱全部加起来投进去可能都不够），而且几乎没有可能赢利。另外，有些时候，即使一项创新技术在成本、价格等财务上没有给顾客带来障碍，顾客也可能由于心理上的原因而不愿意接受。例如，假设最新的转基因技术可以使一只鸡长出10个翅膀，那么，消费者是否愿意买这样的鸡翅？在食品安全等领域，消费者完全可能更喜欢传统而拒绝创新。

在人类的商业历史上，有很多技术上非常伟大的创新，最后没能获得成功。以民航业为例。1969年，全球第一架超音速民航客机由英法两国政府联合研制出来成功首飞，被命名为"协和"（Concorde），并在1976年正式投入商业运营。协和超音速飞机巡航速度高达2 150千米/小时，主要运营纽约—伦敦和纽约—巴黎这两条跨大西洋的黄金航线。无疑，协和超音速飞机的飞行速度远远领先于今天的普通民航客机——普通民航客机从纽约出发需要飞行6个小时才能到达伦敦，而协和超音速飞机只要2个小时50分钟即可到达。

然而，由于研发费用巨大，而且产量很低（一共只生产了20架），协和超音速飞机成本极高，乘客需要支付的价格也极高。当时，普通民航往返纽约—伦敦航线大约需要500美元，但协和超音速飞机则需要1万美元的高价。此外，协和超音速飞机空间狭小，座位并不宽敞，和普通民航飞机的经济舱相当，而且乘客无法携带大量行李。而普通民航飞机虽然慢，但其头等舱的机票价格远低于协和超音速飞机的机票价格，而且更加舒适（座椅可以调整至倾斜甚至平躺，包含电影娱乐系统等），乘客可以携带大量行李，这导致很多支付得起协和超音速飞机票价的富豪或者高端商务乘客也更愿意选择普通民航客机。

因此，尽管飞行速度更快，但高票价和低舒适度等因素导致协和超音速飞机长期载客量不足，一直无法赢利，需要靠英法两国政府进行补贴。2000年7月25日，协和超音速飞机由于爆胎而第一次失事，导致113人丧命。尽管这是协和超音速飞机飞行的25年多时间里唯一的一次事故（从安全记录上来说比普通民航用的波音飞机和空客飞机都更加安全），而且在查明事故原因后很快就于2001年恢复飞行，但是长期不赢利最终导致协和超音速飞机在2003年10月24日最后一次飞行之后永久停飞。

除了协和超音速飞机，近年来民航业另一个失败的案例是著名的空客A380飞机。在耗费巨资研发多年之后，空客在2007年交付首架A380飞机给新加坡航空公司，该飞机于2007年10月25日投入运营。空客A380飞机是四引擎的超大型双层客机，座位数在500~900个（取决于头等舱、商务舱、经济舱的不同座位数安排），是全球最大的民航客机，因此也被称为"空中巨无霸"。

能开发出这么一个庞然大物飞在空中，这当然是一项伟大的创新。由于空客A380飞机飞行起来非常平稳，很多乘客都特别喜欢它。然而，空中客车的客户们——全球各国的航空公司似乎并不喜欢这样的大飞机，因为比起双引擎宽体飞机（大约300个座位），空客A380飞机的经济性明显低很多，而且很难保证上座率。截至2019年2月，空中客车公司一共只接到290架空客A380飞机的订单，并交付了235架飞机（与之相比，波音公司于2011年9月交付首架787飞机给全日空航空公司，到2013年11月，就获得了1 012架该机型的订单，波音787成为航空史上最快达到这一销售数量的宽体机）。这样的销量不足以保证盈利，因为空客A380飞机前期的研发费用高达250亿美元。

2019年2月14日，在最大的客户阿联酋航空公司宣布削减空客A380飞机的订单之后，空中客车公司只好无奈宣布将在2021年永久停止生产和交付空客A380飞机。甚至，2022年，中国南方航空公司（南航）也宣布让旗下的5架空客A380飞机提前退役。要知道，南航是中国唯一拥有空客A380飞机的航空公司，而且这些空客A380飞机还很新，都是空客公司在2011—2013年交付的。事实上，不仅是南航，包括法国航空、阿提哈德航空、汉莎航空、马来西亚航空、泰国航空在内的全球多家航空公司也都已明确表示不再运营空客A380飞机。

被称为"空中巨无霸"的空客A380飞机，是目前已投入运营的世界最大、最先进的民用飞机。为什么南航等全球大型航空公司纷纷忍痛割爱宣布让其提前退役？原因当然不是技术不够先进，而是经济性不高。换句话说，航空公司用空客A380飞机比用别的飞机要耗费更高的成本。特别是2020年新冠疫情以来，全球航空需求锐减，这就成为压垮空客A380飞机的最后一根稻草。即使不计算购买成本，航空公司维护空客A380飞机的成本也可能已经高于收益了，因此它们最后决定干脆让空客A380飞机提前退役。空客A380飞机尽管技术非常先进，但最后因为满足不了顾客需求（请记住，空客A380飞机的顾客是航空公司）而失败了，令人不胜唏嘘。

与创新聚焦于技术不同，营销聚焦于顾客，是企业的基础活动。当营销传递了顾客价值并满足了顾客需求时，企业就能吸引、留住和发展顾客。营销的内容包含确定机遇、了解顾客需求、理解竞争、开发吸引人的产品和服务，以及和潜在顾客沟通。当这些任务圆满完成时，股东财富就会增长。要记住，创造股东财富不是出于商业的目的，股东财富的增长是创造顾客价值后自然获得的回馈。

因为市场营销是企业最核心的竞争力，所以它不仅是营销部门的工作，还应该是企业董事长、总裁、CEO 等企业决策者亲自负责的事情。以华为公司为例。2001 年，在华为公司内刊《华为人》上，有一篇题为"为客户服务是华为存在的理由"的文章，任正非在审稿时，将其改成"为客户服务是华为存在的唯一理由"。在 2010 年的一次会议上，任正非进一步指出："在华为，我们坚决提拔那些眼睛盯着客户、屁股对着老板的员工，坚决淘汰那些眼睛盯着老板、屁股对着客户的干部。"自 1987 年创立华为以来，任正非正如一位虔诚的传教士，在华为内部不厌其烦地用"唯一"这样的词来宣扬华为的价值观——以客户为中心，并经过数十年的不懈努力，将此价值观深深植入华为人的心。正因如此，华为才能慢慢地从技术落后发展到打败技术领先的若干跨国巨头：阿尔卡特-朗讯、诺基亚、摩托罗拉等知名跨国公司，一个个都落在华为身后。如今，华为公司已经成为中国的骄傲，2021 年，华为的销售收入高达 6 368 亿元，并成为唯一登上 2021 年 Interbrand 全球品牌百强排行榜的中国品牌。华为的成功印证了这样一个事实：谁能将"以客户为中心"这样一个商业价值观坚持到底，谁就是赢家。

营销的本质：
围绕顾客价值的八个字

说到营销，很多人都会觉得营销很简单。为什么会有这样一种感觉呢？因为 99% 的人对营销的理解都是片面和错误的——大多数人都把营销理解为市场推广、做广告、卖东西。事实上，这远非营销的本质。

我们知道，营销的一切都围绕顾客，而顾客购买任何商品都是因为该商品能为顾客创造价值。所以，根据美国市场营销协会（American Marketing Association，缩写为 AMA）对营销的定义，营销的本质就在于："识别"（identify）、"创造"（create）、"沟通"（communicate，也经常翻译为"传播"）和"交付"（deliver）顾客价值。

请注意，这八个字是一个全流程：（1）"识别"顾客价值就是要理解顾客购买商品或服务所满足的深层次需要是什么；

（2）"创造"顾客价值就是把能够满足顾客需要的商品或服务创造出来；（3）"沟通"（或"传播"）顾客价值就是把产品或服务对顾客的价值传播给顾客；（4）"交付"顾客价值就是把产品或服务交付给顾客，这个过程可能涉及企业的渠道和分销，否则产品不会自动跑到顾客手里。在顾客接收到产品或服务后，顾客对产品或服务质量的感知将决定他们是否满意，以及是否会有口碑的传播。

接下来，我就用ROSEONLY（诺誓）的案例来详细说明企业如何识别、创造、沟通和交付顾客价值。玫瑰这个产品，可以说是随处可见。很多花店的老板都希望自己的玫瑰能卖得多、卖得贵，但是大多数花店的玫瑰只能卖几块钱一朵。然而，在北京，有一个2013年创立的玫瑰品牌ROSEONLY能把玫瑰卖到至少999元一束，还卖得非常火，在全国很多城市都开了分店。那么，ROSEONLY是如何做到这一点的呢？

1. 识别

首先，我们要识别顾客价值：顾客到底是买什么？如果你是一个花店老板，却回答不出来这个问题，那你就不是一个合格的花店老板。很多人说，不就是买花吗？然而，事实远非如此。如果就是单纯买花，那么你本来要买给女朋友的玫瑰，可不可以改成菊花呢？

我估计，如果你真的买一束菊花送给女朋友，那你很可能会得到女朋友打过来的一个耳光："你这是在诅咒我啊？！"（菊花在中国文化中代表对亡者的祭奠。）由此可见，每种花对顾客来说都有着独特的意义。比如，玫瑰代表的无疑是爱情，那么买玫瑰自然就是为了获得或维持爱情。

但是，仅仅识别出这一点是不够的，因为这是每个人都能看到的表面含义。还需要进一步挖掘。我们如果从使用场景分析，就会发现，人们购买玫瑰，通常是在要向心仪之人求爱的时候，用送玫瑰的方式，来表达对对方的爱慕之情，从而提高求爱成功的概率。

这时，问题来了：男人手捧一束玫瑰去向女人求爱，真的就能够成功吗？答案当然是否定的，因为女人最看重的并不是男人手里有没有玫瑰，而是这两点：第一，这个男人要优秀；第二，这个男人要专一。

为什么是这两点呢？这是人类几百万年来进化形成的。选择一个优秀的配偶不难理解，因为谁都希望自己的配偶优秀，只有这样才有更大的可能让自己的下一代有更好的基因。同时，女性还希望男性专一，这是由于男女两性在生理结构和生育成本上存在巨大差异。与女性要十月怀胎相比，男性的生育成本基本可以被忽略，所以一般都是男性去追求女性。而女性的生育成本非常高：一旦怀孕，在接下来的十个月乃至很多年里，她就要承担生孩子和养孩子的责任。这个时候，没有男性的支持，特别是在生产力不发达的原始社会，女性就很难找到足够的食物，甚至还会遇到各种危险。所以，女性在择偶的时候除了要求男性优秀，往往还要求男性专一，要能够和她一起养育后代。

现在，虽然我们的生活已经很发达了，女性也不再像以前那样需要依赖男性才能生活，但是这个择偶习惯已经深深地刻在了每个人的基因当中。回到玫瑰的问题上，一束普通的玫瑰显然并不能够真正有效地帮助男人追求到心仪的女人。因为，玫瑰虽然能表达男人对女人的爱慕之情，但并不能保证这个男人是优秀和专一的。所以，大部分花店也没有办法把玫瑰卖得很贵。而 ROSEONLY 之所以能把一束玫瑰卖到至少 999 元，而且卖得很火，正是因为识别出了这一点，从而创造了与众不同的顾客价值。

2. 创造

在识别出顾客价值之后，营销本质里非常关键的第二步就是创造顾客价值。ROSEONLY已经识别出了买玫瑰就是为了追求爱情，但是普通的玫瑰并不能代表一个男人的优秀和专一，于是它就创造了一种独特的玫瑰。

首先，ROSEONLY玫瑰通过高定价而成为男人优秀的一种象征。ROSEONLY玫瑰品质很高，基本上都是从厄瓜多尔等外国进口的，定价也很高，官网定价最低999元（谐音"久久久"），还有更高的1 314元（谐音"一生一世"）、1 520元（谐音"我爱你"）、1 999元、2 999元、3 999元等，最高的甚至达到7 999元。显然，能买这么贵的玫瑰的男人，更容易给人一种优秀的感知形象。这就如同很多人在见合作伙伴谈生意时选择五星级酒店而不是经济型酒店一样，或选择开奥迪等豪华车而不是奥拓等价格低廉的汽车一样，价位也是经济实力的一种象征。

其次，ROSEONLY通过技术手段赋予了自己代表男生专一的含义。我跟大家分享一个发生在我身边的真实故事（这个真实故事是我在课堂上讲ROSEONLY案例的一部分，没想到我的讲课片段被录像剪辑放到网上后，这个题为"二手玫瑰"的短视频竟有超过6 000万人观看。还没观看的朋友们可关注我的视频号"清华郑毓煌讲商学"观看）。

我在清华大学读书的时候，同宿舍有个非常要好的同学，他喜欢上了清华的校花。我这个同学的家庭条件和长相都一般，所以我劝他别去追校花了，以免浪费时间和精力。但是，这个同学"不到黄河心不死"，决定在毕业之前一定要表白一次。于是，在毕业之前的一个晚上，这位同学花了几百元钱，买了一大束玫瑰去向校花表白。结果可想而知，校花直接就把他拒绝了。看到他垂头丧气地回来，我安慰他："兄弟别郁闷，天涯何处无芳草！再说了，你今天晚上这一大束玫瑰要花好几百元钱呢，而你平时连个鸡腿都舍不得吃，浪费了太可惜，赶紧送给别的女生吧，不然明天花就要枯了！"

当时，他正好在气头上，问："那送给谁呀？"我就怂恿说："你看，有个女生平时好像对你有点儿意思，就赶紧送她吧！"我这么一怂恿，结果他真的就出去了，一路冲到女生宿舍楼底下，把这一大束玫瑰献给了那个女生。而这个女生本来就对他有意思，所以在看到这一大束玫瑰时感动得热泪盈眶，当场就答应做他的女朋友。后来，他们两个人都去了美国留学和工作，到现在已经结婚20多年了，还有了两个孩子，生活得非常幸福。而我每次去美国出差经过他的城市时，都会敲他的竹杠："赶紧请我吃最贵的牛排，米其林三星的大餐！"他说："凭什么？"我说："就凭当年那束玫瑰！你要是不请我吃，我就告诉你太太，当年那束玫瑰是二手的。"

第一章 营销本质
围绕顾客价值的八个字

由此可见，玫瑰并不能保证男人专一。然而，ROSEONLY玫瑰与其他玫瑰不同，ROSEONLY网站和App（手机软件）要求所有用户在第一次注册时，必须指定爱人的姓名。也就是说，ROSEONLY要求男性用户承诺这辈子只能送玫瑰给一个女人，如果你将来要送玫瑰给别的女人，那ROSEONLY平台就会拒绝你购买。所以，ROSEONLY创造了"一生只爱一人"的品牌内涵——男人购买ROSEONLY的专一承诺。大家知道，承诺是非常重要的，订婚、结婚等各种各样的仪式，其实都不在于吃吃喝喝，而在于当着公众的面做了一个重要的承诺。我经常跟女生说，如果你的男朋友不愿意带你去见他的家人，也不愿意带你去见他的朋友，那这个男生就不值得交往，因为他不敢在公众面前对你做出承诺。ROSEONLY玫瑰确实做到了与其他所有玫瑰不同，男生购买ROSEONLY玫瑰就代表他做出了"一生只爱一人"的专一承诺。

3. 交付

我们再来看看ROSEONLY玫瑰是如何交付顾客价值的。在北京，ROSEONLY曾经雇用金发碧眼的外国男模特送花，甚至是开着宝马MINI豪华车前去送花。想象一下这样的求爱场面——穿着黑礼服白衬衫的外国男模特开着豪车上门送 ROSEONLY 玫瑰给女生，再加上 ROSEONLY 玫瑰代表的"一生只爱一人"的专一承诺，满足了很多女人对男人优秀和专一的需求，男人求爱的成功概率就提高了。很多女人在收到 ROSEONLY 玫瑰时都感动得热泪盈眶，当场答应成为对方的女朋友。大家认真想想，999 元的玫瑰似乎显得很贵，但帮助男人顺利获得爱情，999 元还贵吗？一点儿都不贵。

4. 沟通/传播

最后，我们来看看 ROSEONLY 玫瑰是如何沟通和传播的。很多人说到沟通和传播，就会想到电视广告。然而，电视广告的费用非常高，动不动就要几千万元甚至上亿元，而且投放得并不精准。其实，现代营销的传播方式非常多，而且很多是低成本甚至零成本的。ROSEONLY 主要通过小红书、抖音、视频号、微信朋友圈等社交媒体进行传播，还邀请年轻人非常喜爱的明星担任品牌代言人。其中，微信朋友圈等用户自发传播的效果不可小觑，不仅几乎零成本，而且效果非常强大——因为用户的朋友圈都是比较类似的同龄人，投放更加精准。ROSEONLY 玫瑰那么高的定价，那么独特的交付方式，那样的一种求爱场面，本身就具有很强的传播属性，自然就会引起现场"吃瓜群众"拍照并在朋友圈传播。假如每个人的微信通讯录平均有 3 000 个好友，只要现场有 20 人发朋友圈，那就相当于至少能触达 6 万人，这比大多数杂志的年销量都高不少。于是，ROSEONLY 这个品牌就广为人知了。

分析完 ROSEONLY 的案例，我们可以发现，ROSEONLY 很好地运用了营销本质的八个字，对顾客价值的"识别""创造""沟通""交付"都做得非常好，这也正是它能够把玫瑰卖到 999 元甚至更贵，还卖得非常火的原因。单单是 2016 年情人节一天，ROSEONLY 的销售额就接近 1 亿元。自 2013 年 ROSEONLY 品牌创立之后，ROSEONLY 在全国迅速发展，目前一共有 30 家店铺，覆盖 20 个城市。

营销的目的：
如何让推销变得多余？

彼得·德鲁克曾经对营销下了一个非常独特的定义："营销的目的是让推销变得多余。"这句话听起来似乎不可思议，但事实上确实有企业能做到这一点。接下来我就举几个国内外企业的案例，看看它们究竟用了什么样的营销模式，成功地让推销变得多余。

1. Costco 超市

美国仓储式连锁超市 Costco（中文名为"开市客"或"好市多"）是通过营销让推销变得多余的一个经典案例。1976 年，全球第一家采取会员制的仓储批发俱乐部 Price Club 在美国加州圣迭戈成立。1983 年，Costco 会员制仓储批发公司在美国华盛顿州西雅图成立。1993 年，两家公司合并为 Price Costco 公司，并在 1998 年正式改名为 Costco。如今，Costco 在全球零售业中排名第二，仅次于沃尔玛。2021 财年，Costco 的营收高达 1 959 亿美元，在 2022 年《财富》全球 500 强中位列第 26（高于中国银行、京东、华为、阿里巴巴、中国移动、腾讯等）。

虽然 Costco 的门店主要集中在美国，在全球的名声没有沃尔玛大，但是 Costco 却是沃尔玛最害怕的一个竞争对手，因为它的增长率和顾客满意度都远超沃尔玛。那么，Costco 的营销秘诀究竟在哪里？我们如果认真分析一下，就会发现 Costco 的营销秘诀其实很简单，就在于三个关键词：优质、低价、至高无上的服务。

第一，优质。与沃尔玛相比，Costco的商品品质更高。沃尔玛的商品质量一般，比较大众化，而Costco则对商品精挑细选，每一个商品类别只提供两三个优秀的品牌，质量都非常好。对广大消费者来说，这大大避免了他们的"选择困难症"，因此Costco受到了美国广大中产阶级消费者的欢迎。试想一下，如果你买一瓶牛奶，要面对超市货架上30个品牌的选择，那是非常痛苦的，会浪费你大量的时间。而如果超市提前替你精挑细选了两三个优秀的品牌，你的购买过程将会简单得多。

第二，低价。Costco坚持商品销售毛利率不高于14%。更关键的是，这不是被动行为，不是因为竞争激烈导致毛利率下降，而是Costco主动把毛利率降到基本上不赚钱的水平。做过生意的人都知道，这是非常低的毛利率。如果你开一家小商店卖矿泉水，进货的价格是一瓶0.86元，但是你对外卖的价格只有1元，那么加上商店的租金和人工成本的分摊费用之后，你肯定会亏钱。由此可见，Costco确实完全不靠卖货赚钱。

第三，至高无上的服务。美国零售企业的服务水平通常都不错，大多数商店都允许顾客无理由退货：有些企业允许顾客七天之内无理由退货，有些企业允许顾客一个月之内无理由退货，还有些企业甚至允许顾客三个月之内无理由退货。那么，Costco能有什么样的至高无上的服务水平呢？原来，Costco不仅允许顾客无理由退货，最关键的是，它不设定退货的期限（个别类别商品除外）。换句话讲，就算消费者在半年甚至一年之后想退货，Costco 也会同意。这是不是很不可思议？

我在美国留学和工作的时候，也是 Costco 的忠实会员，基本上每个周末都会去 Costco 购物。那时，我经常看到美国当地的消费者在 Costco 退各种各样的货，而 Costco 基本上不会设置任何退货的障碍。例如，我曾经看到有消费者去退一个大西瓜，Costco 的员工问："你为什么不喜欢这个西瓜？"那个消费者居然回答："这西瓜不甜！"

消费者把西瓜买回家切开，尝一口发现不甜，居然都可以把西瓜退掉，Costco 的服务高到这种水平，消费者还会有后顾之忧吗？而当消费者面对 Costco 的优质、低价及至高无上的服务，彻底没有后顾之忧时，他们还有什么理由不在 Costco 买东西呢？

刚才说过，Costco 不靠卖货赚钱，那么问题来了：Costco 作为一家企业靠什么赚钱呢？认真分析之后，我们会发现，Costco 独特的商业模式在于，它不靠销售货物来赚钱，而主要靠会员费赚钱：Costco 是仓储式零售超市，所有到 Costco 购物的消费者，每年需要交 55 美元左右的会员费。

消费者的心理很有意思，如果交了会员费而不去 Costco 买东西，消费者就会觉得自己亏了，而如果经常去 Costco 买东西，消费者就会觉得，这 55 美元的会员费交得实在太值了，因为只要多买一些优质低价的商品就赚回来了。Costco 正是巧妙地利用了消费者的这种心理。同时，Costco 的商品实在是质量非常优秀，价格非常低，服务又非常好，因此，55 美元的会员费在大多数消费者心里并不是一笔太高的费用。依靠这样的策略，Costco 在全球吸引了很多会员。

我们不妨一起来看一下 Costco 的财务数据。2020 年，Costco 的销售额高达 1 630 亿美元，其中会员费收入大约是 35 亿美元，会员费收入跟销售额比起来很低。但是有趣的是，Costco 的净利润大约是 40 亿美元。换句话说，尽管 Costco 的销售额高达 1 630 亿美元，但是它卖商品基本上不赚钱，仅仅是保本而已，它的净利润几乎全部来自会员费收入。Costco 在全球拥有 5 900 万个会员家庭，而且每年的会员续费率是 90%，这样的顾客数量，这样的续费满意度，说明 Costco 真正做到了通过营销让推销变得多余。

2. Costco 对小米的启示

中国著名企业家、小米公司创始人雷军经常在他的演讲当中感谢Costco。为什么感谢？因为雷军创办小米公司就是受到了Costco的启发。

雷军有一次去美国出差旅游，想买一些保健品回来送亲戚朋友，于是他就去了著名的Costco。进了Costco，雷军发现那些保健品的品牌和产品与外面商店里的一样，价格却低很多，他感觉有些不可思议：怎么有一家商店的价格可以这么低？

于是，雷军就把Costco这种营销策略学走了。2010年，雷军创办了小米，把同样的营销策略跨界应用到智能手机领域。2011年，雷军在第一次发布小米手机的时候说："做全世界最好的手机，只卖一半的价钱，让每个人都买得起。"当时，小米卖手机确实不赚钱，苹果手机5 000多元一部，但是小米手机只卖1 999元，是国内第一款售价在2 000元以下的智能手机。正因为小米手机性价比超高，所以很多买不起苹果手机又希望有一部高品质智能手机的消费者纷纷购买了小米手机。2011年8月，小米手机第一次正式发布，很快被预订了30万台，3个月后正式售出（订单取消或退货的不计算在内）的有18.46万台。第一代小米手机取得了巨大的成功。

10年之后的现在，小米已经成功发展成为一家《财富》全球500强企业，2021年，小米营收高达3 283亿元。2021年第二季度，小米手机的全球市场占有率更是超过了苹果，仅次于三星。2021 年 8 月 10 日，在雷军的年度主题演讲活动上，雷军出乎所有人意料地宣布，为感谢过去 10 年来用户的支持，决定对 10 年前的首批用户每人赠送 1 999 元红包，总金额正好是 10 年前小米第一代手机的首批订单收入 3.7 亿元。

雷军一直非常感谢 Costco 的营销策略对小米的启发，本质上小米的营销策略和 Costco 的非常类似：采用性价比高的营销策略，先通过不赚钱或赚钱很少的手机圈住大量用户，再通过提供互联网服务和生态圈周边产品如手机充电器、小米智能音箱等赚钱。

2018 年的小米财报显示，小米手机硬件的毛利率仅为 6%，净利率不到 1%，但其互联网服务的毛利率超过 60%。这里的互联网服务包括广告收入、预装 App 的收入等。换句话说，当小米手机有上亿的用户时，尽管小米卖手机不赚钱，但它可以通过做广告和预装 App 等其他收费模式赚钱。这也就是我们平时经常听到的很多互联网公司"羊毛出在猪身上"的商业模式。事实上，这种商业模式并不新颖，传统的媒体公司如电视台一直都采用这样的商业模式：免费提供电视节目给观众观看，尽管观众无须付费，但是由于电视台有了大量观众，就有广告商愿意付费。

3. 海底捞火锅：如何做到顾客盈门、大排长龙？

1994年，24岁的贫穷工厂职工张勇在四川开了一家麻辣烫路边摊，一开始并不是很成功。后来，张勇开了他的第一家海底捞火锅店。到2010年，张勇已经在全中国拥有40多家海底捞火锅店，员工总数超过10 000人，收入达10亿元。海底捞在中国获得了许多国家级和地方级荣誉，包括由各地政府或行业组织、消费者协会及顾客点评网站授予的"最佳服务饭店"、"20家最火的饭店"之一、"全国前十家火锅店"之一等称号。截至2022年11月25日，海底捞火锅已在国内拥有大约1 500家门店，市值高达771亿港元，成为全国市值第一的餐饮企业。

在竞争异常激烈的餐饮业，特别是火锅行业，海底捞成功的秘密是什么？作为一个新加入者，海底捞面对的是许多像东来顺这样的老字号火锅餐厅。从一开始，海底捞火锅就专注于提供唯一而独特的客户服务。海底捞的服务理念十分清晰——服务第一、顾客第一，它致力于在服务上超过它的竞争对手。为了避免火锅汤底溢出来或溅到顾客身上，像东来顺这样的老字号火锅店都是帮顾客把上衣套起来，海底捞则会更贴心地供应围裙和袖套，并且提供眼镜布和发圈。此外，通过额外的服务和诸如免费饮料、水果和小礼品等惊喜，顾客备受关爱。满意的顾客频繁地重复光顾这家店，好口碑又会吸引新的顾客。

成功的餐厅一般都会遇到排队问题，长长的等候队列经常使顾客感到不耐烦。通过向等位的顾客提供足够的座席、免费的零食和茶水，海底捞使等位过程变得更加舒适。海底捞还提供洗头、美甲和擦鞋这样的免费服务。等位的顾客还可以免费打牌或下棋。尽管大多数餐厅一般在晚上9点或10点后就会空下来，但海底捞到深夜都一直客满。好口碑吸引了许多顾客来体验海底捞提供的独特服务。

海底捞还利用它的服务团队使顾客对就餐留下良好印象，服务员们诚挚又热情。许多饭店的服务员经常引导顾客点过多的菜或向他们推荐贵的菜，但在海底捞，服务员会告诉顾客每天的特价菜并在点菜过量时提醒顾客。海底捞服务员总是在顾客召唤时很快来到，并且当顾客点面条时，服务员会表演一种特殊的"面条舞"。

张勇相信提供优质服务的唯一途径是令餐厅员工得到内在的激励。为了达到这个目的，他努力了解员工需求并使他们感到满意。在中国，大部分餐饮行业的员工都来自农村的贫困村镇；众所周知，服务员的工作收入低、福利少且流动性高。张勇则有着不同的理念。海底捞给所有员工提供多种福利：医疗津贴、孩子的教育补助，以及配备有24小时热水供应、空调和无线互联网的免费宿舍。结果海底捞员工的流动率只有10%，远低于餐饮行业平均30%的流动率。

此外，在海底捞，服务员受到高度赋权，可以自主决定给顾客一定的就餐折扣。这些规章使海底捞的员工们感到自己是餐厅的老板。因此，他们经常为提高客户服务提供建议。那些在海底捞用心工作的员工可以获得职业发展机会。例如，有一个海底捞员工从服务员做起，后来成为领班、经理，现在已经是海底捞的一名区域总经理。他在北京买了公寓，实现了自己的人生梦想。早在2010年，张勇就成立了"海底捞大学"，向员工们提供职业发展教育，这是中国餐饮业第一家此类机构。

营销短视症：
看不见的敌人最可怕

1. 需要、欲望和需求

菲利普·科特勒曾经对营销做了这样的定义："营销就是在

满足顾客需要的同时创造利润。"这个定义听起来很抽象，到底什么是"顾客需要"？事实上，除了"顾客需要"这个词，我们还经常听到"顾客欲望""顾客需求"等不同说法。让我们首先来好好分析一下需要（needs）、欲望（wants）和需求（demands）之间的不同。

很多朋友会问："我是来学营销的，不是来讨论中文词语的细微差别的，为什么要了解这三个词的不同呢？"其实原因很简单：任何人买任何一种产品都不是为了产品本身，而是为了产品背后的利益和目的。因此，顾客需要就是我们购买的产品背后所满足的根本的利益和目的。

那么，这三个词究竟有什么不同呢？

（1）需要和欲望的区别

我经常在课堂上向学生提问：需要和欲望这两个词有什么不同？很遗憾，即使是清华的学生，大多数也都无法正确回答。很多人会说："需要是基本的，而欲望是更高级的。"事实上，需要与欲望之间的区别并非基本与高级的区别。

根据著名心理学家亚伯拉罕·马斯洛的需要层次理论，人的需要是分层次的：最底层的需要是生理需要（例如温饱），然后是安全需要、社交需要、尊重需要，而最高层次的需要，则是自我实现。在这些需要里，最高层次的实现自我价值很显然并非人们的基本需要。由此可见，需要并不一定是基本的。

那么，需要和欲望之间究竟有什么区别？我的回答是：顾客需要就是人们购买的产品或服务背后所满足的根本利益和目的，而欲望是满足顾客需要的一种具体形式；换句话说，需要和欲望之间的区别是抽象和具体的区别。这么说，可能很多人还是会觉得难以理解。我接下来就举一个例子来帮助大家弄清需要与欲望的区别。

我们每个人都会口渴，解渴就是一种需要。解渴的东西多不多？非常多。大多数人首先想到的就是水，而水可以分为很多种，比如自来水、饮用水、开水、矿泉水、纯净水、蒸馏水等。除了水之外，各种饮料也可以解渴，包括豆浆、牛奶、果汁、茶、咖啡、啤酒等。

这时，解渴这一需要对应的欲望是什么呢？记住，欲望是满足需要的一种具体形式，因此，解渴这一需要对应的欲望就是到底喝什么来解渴，不仅要具体到一种产品类别，还要具体到品牌。例如你口渴了到小卖部想买瓶饮料解渴，那么你具体想喝什么？如果你的回答是矿泉水，由于矿泉水就有几十个品牌，售货员一定还会问："请问您要喝哪一个品牌的矿泉水？"

有时，欲望具体到品牌可能还不够，还要具体到包装的大小。例如，你到小卖部想买一瓶农夫山泉矿泉水，那么，你是要买550毫升的大瓶农夫山泉矿泉水，还是要买380毫升的小瓶农夫山泉矿泉水呢？由此可见，欲望是满足需要的具体形式。在上面这个例子里，解渴是需要，而喝一瓶380毫升的小瓶农夫山泉矿泉水就是一种具体的欲望。

（2）需要、欲望和需求的关联

了解了需要和欲望的差别，我们再来看什么是需求，以及需要、欲望和需求的关联。不同于需要和欲望，需求是面对一种可以满足需要的产品/服务（欲望）及其价格，有多少顾客愿意花钱来购买这种产品/服务。

经济学上有一个著名的价格需求定律：价格提高了之后，需求就会下降。比如说一位消费者现在口渴了，有解渴的需要，这时市场上有各种各样的饮料可以满足这位消费者解渴的需要，这些不同的饮料就对应不同的欲望。由于不同饮料的价格不一样，消费者买它们的可能性是不一样的。例如，买一瓶农夫山泉矿泉水，只需要2元钱，大多数人都愿意买；如果是一瓶15元的依云矿泉水，很多人可能就舍不得买。所以，不同的价格对应不同的需求。农夫山泉和依云都是矿泉水，哪一个的需求更大？显然是农夫山泉的需求更大。这符合经济学的价格需求规律。

这里有一个非常有意思的现象：很多人都觉得高价一定是暴利，能赚很多钱。事实上，每卖一瓶水，依云赚的钱确实比农夫山泉多，也就是依云的毛利比农夫山泉的毛利高。然而，由于价格不同导致需求不同，农夫山泉在中国至少有几亿人在喝，而在中国喝依云的人就少很多，毕竟愿意掏15元钱去喝一瓶水的人是少数。所以，从总收入的角度来看，在中国，农夫山泉赚的钱远远多于依云。现在我们就能明白，为什么农夫山泉的老板钟睒睒能成为中国首富，拥有的财富甚至一度超过巴菲特而排名全球第六，而依云的老板却没有办法做到这一点。所以，与需要或欲望不同，需求是考虑到价格之后，到底有多少人愿意掏钱来买。

再举一个例子。假设你辛苦学习或工作了一个星期，到了星期五晚上，你希望休息、放松、娱乐一下。这时候，你的需要就是娱乐。而能满足你的娱乐需要的产品或服务（欲望）有许多种，其价格也各不相同。接下来，我们一起来分析一下不同的产品或服务形式和不同的价格会导致需求有何不同。

第一种，花1 000元去你所在城市的大剧院看一场演出，例如音乐会或话剧。这时你会发现，去看的人可能不多，因为

1 000元这个价格很高，音乐会或话剧这种产品又比较"阳春白雪"，因此需求非常低。所以，音乐会或话剧基本上很难赚到钱，很多演出甚至是赔钱的。

第二种，如果我们把1 000元的价格往下降到100元，你会发现100元可以做不少事情来满足人们的娱乐需要。例如，花100元可以在很好的电影院看一场电影。尽管前面说过1 000元的演出可能根本赚不了钱，但是100元的电影可能会赚10亿，为什么？因为100元这个价格比较便宜，所以需求更大，而且电影比较通俗和大众化，看电影又非常方便（很多人的家附近就有电影院），所以看电影的需求很大，远远大于到剧院看演出的需求。

第三种，你可能觉得100元的电影票不贵，但是有些人会觉得贵，比如去一线城市打工的民工。他们远离家乡和亲人，到北京、上海等大城市的建筑工地上做民工，对于辛苦挣来的钱，他们是舍不得花的，因为他们希望春节回老家时把钱全部带回去。然而，民工也有娱乐需要，那他们怎么解决？这时你会发现，虽然他舍不得花100元去看一场电影，但是他可能舍得每天花1元（一年花365元）买一个视频网站的VIP（高级会员）。在视频网站上，他们可以看无数的电影和电视剧，当然最新的电影可能不在上面，但是几个月后他们就能看到。尽管每天1元钱看起来很少，但事实上这可能比某部电影赚的钱多。因为，每个人每天1元（很多时候还有折扣等优惠），尽管非常便宜，但是需求可能非常大。例如，腾讯、爱奇艺等视频网站的会员都超过一亿人，这些视频网站每年光视频会员的会费收入就高达数百亿元，而中国还没有哪部电影的票房高达百亿元。所以，千万不要小看便宜的产品，它们的需求可能非常大。

第四种，刚才前面说的每一个产品，不论是1 000元的剧院演出、100元的电影，还是每天1元的视频网站会员，都要花钱买，那有没有人连1元都舍不得掏？当然有了。那么，这些人怎么满足他们的娱乐需要呢？有大量免费的东西。例如，很多人都喜欢看抖音、快手、微信视频号等短视频平台的视频，不用花一分钱，也可以满足自己的娱乐需要。由于是免费的，这种短视频平台的需求比视频网站的需求更大。例如，腾讯视频的会员超过1亿人，而抖音的日活跃用户已超过6亿人。尽管抖音无法利用短视频本身收费赚钱，但是抖音可以赚广告费。整个字节跳动公司（包括抖音、今日头条等App）在2020年的总收入是2 000多亿元，主要都是广告费，该公司的估值也因此高达4 000亿美元。

（3）识别顾客需要

现在，我们就能理解为什么菲利普·科特勒会说"营销就是要在满足顾客需要的同时创造利润"了。因为，需要才是顾客购买产品或服务背后最根本的利益和目的。消费者买水是为了水吗？不是，是为了解渴。请大家时刻记住这一点：世界上有成千上万种饮料都可以解渴，不同的价格就会导致不同的需求，从而导致企业赚的钱不一样。

明白了识别顾客需要的重要性之后，问题来了：你的企业的产品或者服务满足的顾客需要是什么？举个例子，一辆汽车满足的顾客需要是什么呢？有人会说，车是用来代步的，车满足的肯定是消费者出行代步的需要。其实，答案并没有这么简单。因为，车满足的并不仅仅是代步的需要——经济型汽车满足的确实是代步的需要，但是豪华汽车除了满足代步的需要，还满足了顾客对身份认同或面子的需要。

在20世纪初的美国，福特T型车刚刚出来的时候，其满足的需要就是交通代步。福特T型车是全世界第一款大规模流水线生产的汽车。流水线极大提高了生产效率，降低了生产成本和价格，因此大多数美国中产阶级家庭都买得起福特T型车，该车型的市场份额一度高达50%。但是，当福特汽车的竞争对手通用汽车旗下的凯迪拉克豪华汽车出场之后，很多人就发现开豪华汽车更有面子。所以，凯迪拉克豪华汽车满足的除了顾客代步的基本需要，还有顾客对面子和身份认同的需要。

识别顾客需要对企业有什么帮助？简单来说，企业的营销就可以做得更有针对性，生意也就容易发展得更好。例如，都是豪华汽车的顾客，但不同顾客的需要也会不同。如果顾客是一个中小企业的老板，这时在营销沟通中就不仅要强调车的性能和质量，更重要的是要强调该豪华汽车对老板的助益："您看，这车不仅质量好，乘坐舒适，关键是开出去有面子，如果是去机场接客户或者送合作伙伴去机场，开这车还会提高客户对您实力的认可，更容易签单。"这种情况下，奔驰、宝马、奥迪、保时捷等豪华汽车品牌就会更加符合这位顾客的需要。然而，如果顾客是一个富裕家庭里刚刚怀孕的年轻妈妈，这时营销沟通要强调的就应该是安全性能："您看，这车是所有豪华汽车中安全性能最好的，是以安全闻名全球的品牌，最受全世界的准妈妈信赖。"这种情况下，沃尔沃就会更加符合这位孕妇的需要。再如，即便都是奔驰豪华汽车，也有大标奔驰车和小标（立标）奔驰车等不同的系列。大标奔驰车更运动风、更年轻，小标奔驰车更商务风、更稳重。当你了解到一个潜在顾客买奔驰车的主要目的是接送生意上的 VIP（贵宾）客户和合作伙伴时，推荐小标奔驰车就更加合适。

2. 营销短视症

有的人可能会觉得洞察顾客需要非常简单。事实上，这是一个很大的误区。企业做营销容易因为无法洞察顾客需要而产生一个致命的问题——"营销短视症"。

20世纪60年代，哈佛商学院教授西奥多·莱维特在《哈佛商业评论》上发表了《营销短视症》一文，该文成为《哈佛商业评论》历史上最有影响力的文章之一。几十年来，《营销短视症》一文已经售出超过85万份重印版。要知道，在《哈佛商业评论》重印一份都要交大约10美元的费用。《营销短视症》一文售出超过85万份重印版就意味着这篇文章光靠重印就获得了数百万美元的收入，非常不可思议。

那么，西奥多·莱维特教授在这篇重磅文章里提到的"营销短视症"到底是什么呢？简单来说，"营销短视症"就是企业过于关心自己的产品或服务，而忽视了顾客购买企业产品或服务背后真正想满足的需要。在西奥多·莱维特教授的这篇文章里，有一句非常经典的论述："如果顾客买了一个打孔机，那么顾客需要的事实上是墙上的那个洞，而不是打孔机。"

美国有一家非常优秀的打孔机企业，它生产的打孔机质量非常好，十年都用不坏。这家企业在美国的市场做得非常好，市场占有率高达90%。那么问题来了，这家企业的打孔机在美国还有市场增长的空间吗？没有了，这家企业已经占据几乎全部的市场，而且它生产的东西质量好，十年都用不坏，顾客基本上不会来换新的打孔机。所以，这家企业就陷入了增长的困局，怎么办？

在美国市场饱和之后，这家企业决定去全球其他市场发展，包括人口大国中国和印度等。然而，当来到中国市场后，这家企业却发现它的打孔机根本无法像在美国市场那样卖到千家万户。为什么？

是中国市场不够大吗？不是。中国是有着14亿人口的大国，而且中国人喜欢买房子，买的还大都是毛坯房，需要自己装修。这么看来，中国市场确实很大。

是价格太高吗？不是。这家企业考虑到了中国人的家庭收入比美国低这样一个事实，所以把打孔机在中国市场的价格往下调了。在美国，这家企业的打孔机大约是50美元一台；在中国，这家企业把价格定在200元左右，比美国便宜不少。

是中国市场竞争对手的打孔机太厉害吗？事实上，这家企业的打孔机质量比大多数中国市场竞争对手的打孔机更好，价格也差不多。

那么，究竟是什么原因导致这家企业的打孔机在中国市场无法像在美国市场那样卖到千家万户？原因其实很简单。在中国，大多数消费者找到了一种替代的方式：消费者自己并不需要买打孔机，而是雇人来打孔，甚至是免费打孔。

为什么大多数中国消费者可以雇人来打孔，而大多数美国消费者却要自己打孔？难道美国人天生就那么勤奋，喜欢自己动手打孔吗？当然不是。事实上，这主要是因为中美两国的国情不同。在美国，人工成本非常高，雇人上门打孔一次最少都要150美元，远高于打孔机的价格50美元，因此普通家庭当然选择自己买打孔机打孔了，而且以后随时都可以用到，平时不用的时候就放在家里的工具间里。相反，中国人工服务的成本较低，很多时候甚至免费——房屋装修公司可能会免费替你在墙上打孔，空调公司派人上门安装空调时也可能免费给你打孔，即使打孔需要额外收费，通常也就是50元左右。当中国消费者可以只花50元就雇到一个专业人士来打孔，甚至免费打孔时，又有谁愿意买一个200元的打孔机呢？

因此，在中国，只有专业打孔的工人需要买打孔机，而这个群体人数并不多，一个工人买一个打孔机就可以去千家万户打孔。所以，这家美国公司的打孔机在中国市场的销量就上不去，没有办法像在美国市场那样卖到千家万户。

通过打孔机这个案例，我们可以发现，顾客买打孔机的目的不是为了打孔机本身，而是为了墙上的洞。如果看不到这点，企业就容易忽视顾客的深层次需要，而出现营销短视症。

营销短视症的代价非常大，可能导致企业甚至整个行业的衰败。在人类的商业历史上，有很多著名的企业都曾遭遇营销短视症。其中，最著名的案例之一就是柯达公司。

柯达公司由胶卷发明人乔治·伊斯曼于1880年创立，是全世界最知名的胶卷品牌之一，曾经与可口可乐、麦当劳一起被视为美国最具代表性的品牌。在鼎盛时期，柯达公司在全球雇用了14.5万名员工，1997年2月，柯达公司的市值高达310亿美元（比较一下，当时苹果公司的市值仅为23亿美元左右）。

然而，2012年1月，百年品牌柯达却在美国提交了破产保护申请。原因很简单，柯达公司患了营销短视症：过分重视自己的产品，却忽略了顾客购买产品背后真正的需要——顾客买胶卷不是为了胶卷本身，而是为了留住美好的记忆。当数码相机也可以帮我们留住美好的记忆时，胶卷自然就无人问津了，所以柯达胶卷很快就被淘汰了。

很多人以为柯达公司是被竞争对手发明的数码相机技术淘汰的。然而，事实上，第一家发明数码相机技术的企业正是柯达自己。1975年，一个叫史蒂夫·萨森的柯达工程师发明了第一台数码相机。那么，柯达既然第一个发明了数码相机技术，为什么不把它做好，反而最后被其他公司打败了呢？原因也很简单，在柯达当时的企业领导人眼里，数码相机技术不值钱，因为当时发明出来的数码相机还很笨重，而且即使将来变成体积小的数码相机，它也是一次性购买就可以使用多年的产品，胶卷则需要消费者每个月甚至每个星期重复购买。从企业赚钱的角度来看，胶卷显然远远好于数码相机，这导致柯达公司当时并不重视自己发明的数码相机技术。然而，等到别的竞争对手也研发出数码相机技术并在市场上推广时，柯达公司已经来不及转型并追赶上竞争对手了，最后不得不走上申请破产保护的道路。

营销短视症导致企业破产甚至行业落败的例子非常之多。20世纪90年代中期，摩托罗拉寻呼机的人气非常火爆，然而短短几年之后，它就被诺基亚手机替代了。本质上，二者满足的都是人们沟通的需要，而手机显然更好地满足了这一点。2010年前后，诺基亚手机又被苹果智能手机替代，因为智能手机不仅可以打传统的语音电话，还能免费打视频电话、听音乐、上网，以及处理很多事务，功能强大有如一台计算机。类似地，21世纪前十年，很多开车的人都有一台GPS（全球定位系统）导航仪。然而，现在已经没什么人用导航仪了。原因很简单，导航仪已经被智能手机替代了。智能手机提供了免费的地图导航应用，导航仪只能遗憾地退出历史舞台。

又如，尽管数码相机淘汰了柯达胶卷，但是如今数码相机也没太多人买了。我们很多人都买过数码相机，包括单反数码相机，尤其是家里生了孩子之后，很多人会买单反数码相机记录孩子的成长。然而，突然有一天，你发现自己上一次用单反数码相机已经是多年之前了。为什么？因为智能手机提供了越来越强的拍照功能，而且方便携带，还能够随时在社交媒体上分享照片，而数码相机比较笨重，很占空间，也很难进行分享，所以就慢慢陷入了劣势。如今，只有少数专业摄影师和摄影发烧友才会经常使用被称为"长枪短炮"的单反数码相机。

由此可见，任何一种新产品，只要能够达到相同的目的，而且能够比现有产品更好地满足顾客需要，顾客就可能转向它。请记住，产品总是容易被淘汰的，而顾客需要（例如解渴、沟通、留下美好记忆等）却是永恒存在的。只要市场上有一种新的技术、新的产品能够更好地满足同样的顾客需要，旧的产品就很容易被淘汰。

那么，企业该怎么做才能让自己不被淘汰呢？答案很简单：企业要聚焦于顾客需要，而非聚焦于自家的产品。企业要学会分析各种产品背后所满足的顾客需要是什么。甚至，消费者也经常说不出来自己的需要是什么。因此，洞察顾客需要不仅重要，而且并不容易。福特汽车的创始人亨利·福特曾经说："如果你去问顾客他们想要什么，他们只会说自己想要一匹更快的马。"而如果你具备洞察顾客需要的慧眼，你就会发现顾客所说的"更快的马"并不是真正的顾客需要，真正的顾客需要是更快的交通方式。所以，企业要聚焦的不是如何寻找更快的马或者更快的车，而是应该聚焦于如何更好地满足顾客的交通需要。例如，近年来全球流行的共享出行平台优步、滴滴等都不是汽车制造企业，却能够为千家万户提供非常方便的出行服务。这些共享出行平台之所以能够成功，就是因为它们抓住了消费者对交通的需要，而不是致力于找一匹更快的马或者一辆更快的车。

因此，所有的企业都应该记住，一定要深入理解顾客的需要，只有这样，企业才有可能立于不败之地。如果不了解真正的顾客需要，企业就会落入营销短视症的陷阱。营销短视症曾经导致包括柯达、摩托罗拉、诺基亚在内的许多著名品牌轰然倒塌或者黯然失色。确实，看不见的敌人才是最可怕的，很多企业都没有看见竞争对手在哪里，突然有一天就有一个跨界竞争对手杀出来把自己整得人仰马翻！这是每一个创业者和企业家都要时刻警惕的，也是我们每个人在生活中都要警惕的。

营销理念：
世界百年营销史的演变

在现代商业历史上，营销理念一直处于演变之中。营销理念的演变已经持续了一百多年，从最初的生产导向，变成后来的产品导向和销售导向，之后才发展到顾客导向和社会营销导向。

1. 生产导向

历史上的第一种营销理念是生产导向（production concept）。生产导向认为消费者最关心的是产品的价格，因此企业的核心是提高生产效率和降低成本，以提供价格低廉的产品。生产导向最典型的案例就是福特T型车。要知道，汽车并不是亨利·福特发明的，而是卡尔·本茨发明的。因此，奔驰汽车的广告口号是"汽车发明者之车"。然而，虽然卡尔·本茨发明了汽车，但真正让汽车走入千家万户的是亨利·福特，他也因此被誉为"汽车大王"。

为什么亨利·福特能够让汽车走入千家万户呢？秘密在于福特汽车公司的流水线生产方式可以大幅降低成本。当时，亨利·福特受到一家屠宰场的启发（屠宰场将整个屠宰流程分解成一系列专门的步骤，每个工人只负责将其中一个肢解的部位重复切片，使用传送带运输），将这一革命性的流水线生产方式引入福特工厂，最终极大地提高了福特T型车的生产效率，降低了生产成本。

1908年10月1日，在卡尔·本茨发明汽车二十多年之后，福特T型车终于驶下了工厂的生产线。流水线的生产方式使得福特T型车与以往的汽车相比，生产成本大幅降低。当时，福特T型车的售价只有825美元，而竞争对手同类车型的价格是两三千美元。因此，福特T型车一经推出，就立刻创造了销量奇迹。到1921年，T型车的产量已占世界汽车总产量的56.6%。

由此可见，生产导向在当时无疑是非常先进的。然而，以现在的眼光来看，生产导向落后了，早已经被时代淘汰了。为什么？当时亨利·福特对于其生产的福特T型车说了一句非常著名的话："顾客可以选择他想要的任何一种颜色，只要它是黑色。"也就是说，福特T型车为顾客提供的只有一种颜色——黑色。为什么亨利·福特不向顾客提供五颜六色的车呢？显然，他也知道每个人有不同的颜色偏好。但是，如果只用一种颜色，那么生产效率将达到最高，成本将达到最低，价格也可以压到最低。生产导向现在已经落后，原因很简单：在产品极大丰富的今天，如果只提供一种颜色，就不能最好地满足顾客的需要。

非常遗憾的是，生产导向现在仍大量存在于中国的制造业中。中国的珠三角、长三角等地区有大量这样的制造业企业，它们擅长低成本制造，却缺乏品牌营销和技术创新，转型仍然任重道远。

2. 产品导向

在一百多年前流行的生产导向逐渐被淘汰之后，产品导向（product concept）的营销理念产生了。与生产导向关注生产效率、成本、价格等不同，产品导向关注的是产品的质量和功能。产品导向认为，企业应该致力于生产优质产品，并不断改进，使之日趋完善。

例如，我们经常听到的"互联网思维"，就强调"产品要做到极致"。产品导向看起来完美无缺，难道所有的企业不应该把产品做到最好、做到极致吗？

事实上，产品导向具有很大的风险。为什么？顾名思义，产品导向就是以产品或者技术为中心，而不是以顾客为中心。所以，即使产品或者技术可能非常优秀，如果它不是顾客想要的，那么这个产品也仍会无法畅销。

因此，产品导向真正的问题在于其没有聚焦于顾客，而是聚焦于产品或者技术。在这种情况下，企业很容易患上营销短视症。这样的企业往往只看到了产品，而忽略了顾客购买这个产品的利益和目的所在，忽略了顾客真正要满足的深层需要。

在历史上，有大量的企业和产品都因为患了营销短视症，最终走向没落甚至灭亡，柯达胶卷、摩托罗拉寻呼机、协和超音速飞机、空客A380等都是典型代表。

3. 销售导向

除了生产导向、产品导向，历史上还有一种营销理念叫作销售导向（selling concept，也叫推销导向）。销售导向强调销售人员的销售技巧和广告推广，认为企业必须主动把产品推销给顾客。

在全国各地机场的书店里，你会看到各种各样关于销售技巧的畅销书。然而，销售导向也是比较落后的。为什么？因为尽管销售人员的推销技巧可能非常厉害，但是其推销的产品可能无法真正地满足顾客需要（例如把梳子推销给秃头的人）。换句话说，销售导向不是从顾客需要出发，而是先有产品再推销给顾客，所以顾客接受起来比较困难。此外，销售导向关注的是一次性的交易，并不关心与顾客的长期关系。

在如今的中国市场，仍然有大量的企业处于"销售导向"阶段。产品导向容易导致营销短视症，销售导向则容易导致企业忽视顾客权益，甚至欺骗顾客，危害非常之大。以保健品行业为例。在中国，这是一个迄今为止仍然面临着消费者信任危机的行业。究其原因，与20世纪90年代中国保健品行业的乱象有关。当时，中国的保健品行业有很多著名品牌，如三株口服液、太阳神、中华鳖精等。然而，这些所谓的著名品牌却都只是各自风光两三年，之后就迅速跌落神坛甚至倒闭。

以三株口服液为例。1994年，56岁的吴炳新在济南创立了三株口服液。由于吴炳新在之前的几年里已有推广保健品"昂立一号"的丰富经验，这次创业几乎是一飞冲天。在短短的时间里，利用刷遍全国乡村公路旁边的墙上广告（甚至连农村猪圈都不放过），三株口服液闻名全国，很多人把三株口服液当成了包治百病的"神仙水"，销量与日俱增。1996年，三株口服液实现了80亿元的年收入，创始人吴炳新也因此登上了中国富豪榜。然而，随着销量的增长，很多消费者发现三株口服液并不能达到广告所宣传的效果，对三株口服液的维权甚至诉讼开始不时发生。也是在1996年，湖南常德的一位八旬老汉喝了8瓶三株口服液后意外死亡，家属随即将三株集团告上法院。1998年，三株口服液被法院判决败诉，其信誉一落千丈，品牌几乎在一夜之间轰然倒塌。

与三株口服液类似，太阳神、中华鳖精等许多保健品基本上也都是采用销售导向的营销理念，主要靠大量的广告迅速成为家喻户晓的全国"著名品牌"，销量也迅速占据全国领先地位。（还记得那些"销量全国第一"的广告吗？）但是，这些"著名品牌"之后往往很快就被媒体或者消费者曝出各种各样的质量问题，品牌跌落神坛，销量也迅速下跌，最后甚至它们所在的行业也随之覆灭。

4. 顾客导向

生产导向、产品导向和销售导向这三种营销理念现在都比较落后，在发达国家已经基本被淘汰。然而，在中国的商业现实当中，这些导向仍然广泛存在。

在这里，我向所有企业推荐的营销理念是顾客导向（customer concept，也叫市场导向）。顾客导向认为，企业应该以顾客（市场）为中心，根据顾客的需要去开发相应的产品和服务，并通过整合营销的方式，为顾客提供价值、满意和长期关系。顾名思义，顾客导向以顾客为中心，这和彼得·德鲁克所说的"企业的根本目的是创造顾客"在理念上是一致的。

顾客导向的整个流程在某种程度上看起来和销售导向非常类似，但是二者的方向是相反的。销售导向是先有产品，再推销给顾客；顾客导向则是先分析顾客到底想要什么样的产品，再把这种产品设计出来，最后通过整合营销的方式提供给顾客。

在以顾客为导向的营销实践当中，企业需要做到三点：第一，企业要为顾客创造价值；第二，企业要让顾客感到满意；第三，企业要为顾客创造忠诚（长期关系）。例如，前面讲过的 Costco 超市就通过为顾客提供优质、低价及至高无上的服务，从而为顾客创造了价值、满意和忠诚。这样的企业，必然会受到顾客的欢迎。我将在本书第三章里详细谈论如何为顾客创造价值、满意和忠诚。

5. 社会营销导向

随着社会和经济的快速发展，环境、人口、健康等社会问题开始凸显。例如，随着消费者生活水平的提高，肥胖问题开始困扰中国人的健康，超重或者肥胖的人越来越多。由此，不健康饮食的提供者如麦当劳餐厅等就招来诸多批评。

正因为这些社会问题的出现，一种新的营销理念应运而生：社会营销导向（societal marketing concept）。与顾客导向强调企业要以顾客为中心相比，社会营销导向强调企业不仅要以顾客为中心，同时应该关注企业的社会责任，关注社会大众的福利，并为社会做出积极的贡献。

以化妆品、护肤品行业为例。现在很多的化妆品、护肤品等要用动物进行试验，这无疑会涉及商业伦理。来自英国的护肤品行业著名品牌 The Body Shop（美体小铺）在社会营销上就做得非常成功。不仅它的绿色 logo（品牌标志）能够给人环保的第一印象，同时 The Body Shop 一直倡导自然、环保，坚持不使用动物做试验，并通过公平贸易购买天然原材料，积极践行保护地球、捍卫人权等。无疑，The Body Shop 这样的品牌文化非常符合当今社会的环保原则，也是所有消费者希望看到的。因此，尽管护肤品行业品牌众多、竞争激烈，尽管 The Body Shop 的价格比竞争品牌贵一些，但是正因为其倡导自然、环保的品牌形象非常符合消费者的喜好，所以它反而脱颖而出，非常成功。今天，The Body Shop 零售业务覆盖全球 50 多个国家，开设线下门店逾 2 000 间。

有意思的是，中国改革开放 40 多年以来，各种营销理念鱼龙混杂，包括最落后的营销理念和最先进的营销理念。一百多年前在美国流行的生产导向，如今在中国仍然存在——中国仍有大量的企业只会制造，而缺乏品牌营销和技术创新。最先进的社会营销导向在今天的中国也存在，但是中国经济和企业要真正实现转型，仍然任重道远。

科学营销：
什么是科特勒科学营销体系？

1. 营销理论的历史发展

在了解了营销理念的历史发展之后，我们一起来学习一下营销理论在过去一百多年里的相应发展。

与生产导向对应的是，1911年，美国著名管理学家弗雷德里克·温斯洛·泰勒出版了《科学管理原理》一书，强调标准化、专业分工、精细化管理，从而提高生产效率，降低生产成本。前文介绍过的福特T型车正是这种科学管理和生产理念最典型的案例。可以说，当今全球所有工厂都在用的现代化流水线生产方式，与泰勒的倡导分不开。基于其杰出的贡献，泰勒被视为影响人类工业化进程的人，并被后世誉为"科学管理之父"。

第二次世界大战之后，全球经济特别是美国经济开始强劲发展，企业之间的竞争加剧，市场营销开始进入产品导向和销售导向的时代。与产品导向对应的是，1960年，美国营销学家杰罗姆·麦卡锡提出了4P营销理论框架，其中第一个"P"就是产品。

与销售导向对应的是，二战之后，美国的广告界迅速发展。1948年，38岁的大卫·麦肯兹·奥格威创办了奥美广告公司并提出"品牌形象论"，后来奥格威成为举世闻名的"广告教父"。20世纪50年代，达彼思广告的董事长罗瑟·瑞夫斯提出著名的USP理论，即"独特的销售主张"（unique selling proposition），其特点是企业必须向消费者陈述产品的卖点，同时这个卖点必须是独特的、能够带来销量的。

随着企业间产品同质化竞争的加剧，1956年，美国营销学家温德尔·史密斯提出了市场细分（market segmentation）的概念。1960年，哈佛商学院教授西奥多·莱维特在《哈佛商业评论》上发表了他的代表作《营销短视症》，这篇论文奠定了他在营销史上的地位。他在文中指出，企业衰退的原因在于它们所重视的是"产品"，而不是"顾客"。而与他的倡导对应的，就是前文所述的顾客导向。

1972年，艾·里斯和杰克·特劳特共同在《广告时代》杂志上发表了文章《定位新纪元》，提出企业要想在竞争中脱颖而出，就需要通过定位（positioning）来占领顾客心智。基于里斯和特劳特在定位理论上的贡献，他们也被誉为"定位之父"。

沿着竞争这一方向，1980年，哈佛商学院教授迈克尔·波特出版了《竞争战略》一书。波特提出，企业要想在竞争中获胜，主要有三种竞争战略：（1）成本领先；（2）差异化；（3）聚焦。基于他在竞争战略上的贡献，波特也被誉为"竞争战略之父"，成为现代最伟大的商业思想家之一。

1967年，在前人理论的基础上，菲利普·科特勒出版了经典著作《营销管理》。这本书从1967年问世以来，已经再版16次，全球销量超过1 000万册，是各大商学院营销课程的必读教材，影响了无数企业家和企业高管。作为现代营销的集大成者，菲利普·科特勒也因此被誉为"现代营销学之父"。值得一提的是，菲利普·科特勒发展了温德尔·史密斯的市场细分概念，形成了STP理论，并把STP和4P结合了起来。这也是科特勒科学营销体系的核心。

2. 科特勒科学营销体系

什么是科特勒科学营销体系？简单来说，这是以菲利普·科特勒为代表，融合了麦卡锡、奥格威、瑞夫斯、莱维特、里斯、特劳特、波特等营销学派思想的一个科学营销流程，具体分为四步：（1）市场调研和分析（MR）；（2）市场细分、目标市场选择和市场定位（STP）；（3）产品、定价、渠道、推广等营销组合策略（4P）；（4）执行和监控（IC）。

科特勒科学营销体系的第一步就是市场调研和分析，市场调研（marketing research）又称营销研究。不论是一家初创公司，还是一家大公司，要推出一个新产品，市场营销的流程通常都是从市场调研开始的。企业如果不做市场调研而只凭拍脑袋来做决策，容易导致推出的产品或服务根本不符合顾客需要，最后面临市场失败。遗憾的是，江湖上大多数所谓的营销人士，连市场调研的基本功都没有，甚至统计分析的基本功都没有。事实上，营销是一门科学，要学好营销，必须练就扎实的市场调研基本功。

在市场分析中，企业需要对市场所面临的宏观环境和微观环境都进行深入的分析。企业需要认真分析市场上的宏观环境因素，包括政治因素、法律和监管因素（political, legal and regulatory），经济因素（economic），社会、文化和人口因素（social, cultural and demographic），技术因素（technological），等等，以及这些因素对市场的影响。这些因素被统称为PEST。

除了市场上的宏观环境因素，企业还需要对行业环境的主要要素进行分析。在分析行业环境时，可以选择用迈克尔·波特提出的著名的"波特五力"框架来进行分析，包括顾客的议价能力、供应商的议价能力、现有竞争者的竞争能力、潜在竞争者进入的能力、替代品的替代能力。不过，由于还有更多的行业因素没有被"波特五力"模型纳入，因此也可以用另外一个更全面的4C模型来分析行业环境，包括顾客（customers）、竞争者（competitors）、合作者（collaborators）和企业自身（company）。[①]

进行完市场调研和分析，企业会发现市场非常复杂，包括市场当中的不同细分群体，而且不同的细分群体的需求是不一样的，所以企业需要进行市场细分并选择其中一个或多个细分市场作为目标市场，再进行市场定位。这就是科特勒科学营销体系里的STP。

在确定好目标市场和市场定位之后，企业需要进一步制定具体的营销组合策略，包括产品、定价、渠道和推广等，这就是科特勒科学营销体系里的4P。如今，服务（service）对顾客

---

① 市场营销理论里还有别的4C模型，例如1990年美国营销学者罗伯特·劳特朋提出的consumer（消费者）、cost（成本）、convenience（便捷）、communication（传播）也被称为4C营销理论，请勿混淆。

的体验也越发重要，因此传统的 4P 理论后来就扩展到了 4Ps。

企业在制定好营销组合策略之后，就进入执行和监控阶段（implementation and control）。不论市场战略和营销组合策略设计得多么好，执行都至关重要。很多企业能够制定正确的营销战略，却没有优秀的团队去执行，最后结果就会大打折扣。所以，企业平时要注意优秀员工的招聘和团队的建设。执行之后，企业还要随时监控和调整。企业如果发现市场业绩不好，就要赶紧分析原因是什么：可能是市场战略没问题，但是执行得不好，或者团队不行；可能是执行没问题，但是市场战略有问题（例如定价太高）。通过这样的监控，企业可以找出问题并以最快速度进行改正。

在接下来的章节里，我将详细谈论科特勒科学营销体系：第二章将谈论市场分析（宏观环境分析、行业环境分析、市场调研等），第三章将谈论市场战略（市场细分、目标市场选择、市场定位等），第四章将谈论营销组合策略［产品策略、定价策略、渠道策略、推广策略（传播/沟通策略）、服务策略等］。

第二章

市场分析
如何洞察市场？

1999年，35岁的马云在杭州创立了阿里巴巴。在此之前，马云的教育和职业生涯看起来并不顺利：连续三年参加高考，才终于在1984年考上杭州师范学院；1988年大学毕业之后，被分配到杭州电子工业学院（现杭州电子科技大学）担任大学教师，讲授英语和国际贸易。

谁也想不到，就是这样一个参加三次高考才考上大学的人，却在20世纪90年代末至今的短短20多年里创造了中国商业历史上的奇迹。1999年，马云创立了阿里巴巴，阿里巴巴B2B（企业对企业）电商交易网站上线。2003年，阿里巴巴推出了淘宝网，开始与当时的全球巨头eBay（亿贝）抢夺中国C2C（消费者对消费者）市场。2004年年底，阿里巴巴推出了第三方网上支付平台支付宝。2007年，阿里巴巴的B2B业务独立拆分出来，在香港上市。2014年9月19日，阿里巴巴集团在纽约证券交易所正式挂牌上市，IPO（首次公开募股）首日市值高达2 314亿美元。而阿里巴巴高达250亿美元的募资额，也成为当时全球历史上募资规模最大的IPO。2021财年（到2021年7月末），阿里巴巴营收高达7 173亿元，阿里巴巴生态全球年度活跃消费者数量达到11.3亿，而国内和海外消费者在阿里巴巴平台上更是创造了高达8.119万亿元的年度交易规模（GMV）。

支撑阿里巴巴过去20多年里奇迹般快速成长的根本原因是什么？可以说，阿里巴巴的成功，离不开马云在20世纪90年代末对互联网市场的洞察和远见。早在1992年，马云在杭州电子工业学院担任大学教师期间，就成立了海博翻译社，并受来自西雅图的外教比尔的影响知道了互联网。1995年，马云第一次去美国访问并看到多家互联网平台，于是回国后毅然辞职，创办了中国第一家互联网商业公司"中国黄页"。1997年，马云卖掉了中国黄页，和他的团队在北京开发了对外经济贸易部官方网站、网上中国商品交易市场、网上中国技术出口交易会、中国招商、网上广交会等一系列网站。1999年，马云和他的合伙人们（著名的"十八罗汉"）在杭州的公寓中正式成立了阿里巴巴，并推出英文全球批发贸易市场网站阿里巴巴。

用马云自己的话来说：阿里巴巴能够发展到今天，离不开其早在1999年就定下的使命——"让天下没有难做的生意"。阿里巴巴从成立之初就立志通过互联网为全世界中小企业提供B2B电商交易平台。2003年，阿里巴巴旗下的C2C电商平台淘宝网成立。事实上，在淘宝网成立之前，早已有多家面对消费者的电商平台。当时影响力最大的是1999年成立的易趣网，已拥有350万用户。也是在这一年，全球电商巨头eBay收购了易趣网。面对这样强大的竞争对手，阿里巴巴最后做了一个不可思议的决策，从而超越了强大的竞争对手：当时eBay照搬美国的商业模式，对商家收交易费，淘宝却决定不收商家交易费。同时，为了让买卖双方交易更放心，2003年，淘宝推出了支付宝这个第三方担保支付工具，买家付款到支付宝，卖家发货，买家确认收货以后支付宝才把款打给卖家，从而极大降低了交易纠纷和欺诈的发生概率。这两个关键决策，都是基于对中国市场的深刻洞察做出的，最后成功帮助淘宝网在和eBay的竞争中获胜——2005年，淘宝网购市场的规模超过中国eBay，此后淘宝一路突飞猛进，占有全国C2C电商市场份额的80%以上，而eBay最后则退出了中国市场。

在淘宝网成为国内C2C电商第一平台之后，阿里巴巴又在2012年成立了天猫，让每家企业都可以开设B2C（企业对消费者）商店。这一决策同样基于对中国市场的深刻洞察。可以说，2003年成立的淘宝网满足了许多消费者购买廉价商品的需求，但由于其C2C的特性，淘宝网上假货横行也成为消费者诟病的缺点。随着中国经济的发展和消费者收入水平的提高，越来越多的消费者渴望能在电子商务平台上买到正品行货。因此，阿里巴巴于2012年推出的天猫和淘宝有显著差异——天猫整合了数千家品牌商、生产商，为商家和消费者之间提供一站式解决方案，提供100%品质保证的商品，7天无理由退货的售后服务……天猫在成立之后迅速成为中国零售百强之首，每年的11月11日天猫大促销也逐渐发展成为全国消费者的购物狂欢节。2021年天猫"双十一"的交易额高达5 403亿元。阿里巴巴也由于天猫和淘宝的成功，坐上了中国电子商务行业的头把交椅。2020年10月28日，阿里巴巴的市值达到8 638亿美元，成为当时全球市值前十的企业之一。

除阿里巴巴之外，在过去20多年里，中国的互联网产业还诞生了一大批世界级的企业：腾讯、网易、百度、京东、美团……与马云类似，这些公司的创始人如马化腾、丁磊、李彦宏、刘强东、王兴等都从创业之初就拥有对互联网行业的远见和洞察。那么，这些远见和洞察是从哪里来的？除了美国成功的互联网企业如亚马逊、谷歌、Facebook（脸书）等的启发，更重要的是他们对中国市场的分析：由于互联网不受地域限制，头部企业可以赢家通吃。中国作为一个拥有十几亿人口的国家，这将是多么大的一个互联网市场。不难理解的是，如果不是在中国，这些优秀的企业家换到一个人口只有几百万的小国家创业，那么几乎不可能诞生诸如阿里巴巴、腾讯等这么大规模的互联网企业。

由此可见，市场分析极其重要。在这一章里，我将重点阐述如何进行市场分析，包括宏观环境分析、行业环境分析、市场调研等。

PEST：
如何进行宏观环境分析？

在进行重要的市场战略决策前，企业需要认真分析宏观环境因素，包括政治、法律和监管因素，经济因素，社会、文化和人口因素，技术因素，等等，以及这些因素对市场的影响。这些因素被统称为 PEST。

1. 政治、法律和监管环境

各国不同的政治制度和政治因素对商业环境有非常大的影响。例如，欧美发达国家的政治制度主要是民主共和制和三权分立，政府在商业环境中的作用较弱。而在阿联酋等中东国家，政治制度主要是君主世袭制，政府在商业环境中的作用较强。

对希望去世界各国开拓市场的企业来说，需要充分了解各国的政治环境，以做出更好的战略决策。

法律和监管是商业的规则。它们的目的是保护社会利益，规范市场力量，阻止相互勾结，避免欺诈或垄断行为、保护消费者权益和员工权益等。欧美的反垄断法非常厉害，美国司法部曾起诉微软公司，称其违反了反垄断法，欧盟也曾起诉谷歌公司，称其涉嫌垄断。美国法律重视保护消费者权益，并且有消费者集体诉讼的法律。根据这种法律，任何一个消费者都可以起诉企业，而一旦某个消费者胜诉，企业就需要赔偿所有购买过企业同一产品或者服务的消费者，这将是一笔可怕的天价赔偿。例如，2015年，加拿大魁北克法院认为英美烟草、日本烟草和美国最大的烟草公司菲利普·莫里斯这三家大型烟草企业没有充分警告消费者吸烟可能导致的健康问题，最后这三家烟草企业被判赔偿155亿加元（当时相当于122亿美元）。又如，2021年10月，格力电器与美国司法部达成和解，同意为格力除湿机可能导致火灾的产品缺陷而对消费者进行赔偿，赔偿总额高达9 100万美元。再如，2022年7月22日，美国电信运营商T-Mobile同意对7 600万名客户支付共3.5亿美元，以了结一起集体诉讼，该集体诉讼起因是T-Mobile被黑客入侵，导致数千万名客户的敏感数据被泄露。

在中国，企业也要密切关注监管环境的变化。例如，2021年中国"双减"政策的颁布就对中小学教育培训行业产生了很大的影响。2021年7月24日，中共中央办公厅、国务院办公厅正式印发《关于进一步减轻义务教育阶段学生作业负担和校外培训负担的意见》，要求学科类培训机构一律不得上市融资，且严禁资本化运作。"双减"政策前所未有的严厉态度引起了行业大地震，7月25日，包括新东方、好未来、高途等在内的多家教育中概股股价均出现大幅下跌，有的公司股价相比年内高点跌幅甚至超过90%。又如，中国的反垄断法现在已经生效。2021年4月，阿里巴巴因要求商户进行"二选一"等垄断行为而被罚款182亿元；2021年10月，美团因要求商户进行"二选一"而被罚款34亿元。再如，中国现在对用户的敏感数据监管得很严格。2022年7月21日，国家互联网信息办公室依据《网络安全法》《数据安全法》《个人信息保护法》《行政处罚法》等法律法规，对滴滴全球股份有限公司处以80.26亿元的罚款。

2. 经济环境

经济环境会影响市场的需求。人均GDP（国内生产总值）、人均可支配收入通常是市场需求的良好指标，但企业必须同时考虑其在人口和人口规模上的分布。例如，印度的人均GDP还很低，但GDP增速很快，现在很多中国企业如小米都去印度开拓市场。又如，2020年，新冠疫情导致全球经济严重受挫，全球200多个国家和地区有超过80%的经济都出现了不同程度的衰退。即使是经济一直快速增长的中国，2020年的GDP增长率也只有2.3%[①]（2019年中国经济增长率还高达6.1%）。疫情也让各国的旅游业受到很大的冲击：拉丁美洲最大的航空公司LATAM（南美航空公司）、全球汽车租赁巨头Hertz（赫兹）等大量企业都申请破产保护，中国的三大航空公司也都在2020年各自亏损上百亿元。

经济增长的趋势也非常重要。例如，2010—2020年，中国的GDP增长率基本上逐年走低（2010年，10.3%；2011年，9.2%；2012年，7.8%；2013年，7.7%；2014年，7.4%；2015年，6.9%；2016年，6.7%；2017年，6.9%；2018年，6.6%；2019年，6.1%；2020年，2.3%），很多中小企业感受到了经济下行环境下生存不易的压力。然而，未来的经济增长可能更不乐观。例如，2021年，中国四个季度的GDP同比增长率分别为18.3%、

---

① 本小节的中国GDP增长率数据均引自中国国家统计局发布的GDP初步核算数据。

7.9%、4.9% 和 4.0%，这可能预示着将来相当长一段时间内中国经济下行压力较大。实际上，2022 年，中国经济就再次面临很大的压力，其中一季度同比增长率为 4.8%，二季度同比增长率为 0.4%，三季度同比增长率为 3.9%。甚至，从 2019 年开始，不少网友都在戏说"刚刚过去的这一年，是过去 10 年里最差的一年，却可能是未来 10 年里最好的一年"。

3. 社会、文化和人口环境

文化是一个社会或群体独特的风俗、面貌和生活方式等。文化是个体早期在生活中学习到的，很大程度上受到来自家庭、学校和宗教机构的影响，并且文化规范不易改变。例如，亚洲人比较奉行集体主义，而欧美人比较崇尚个人主义。通常，人们不会注意到他们日常生活中的文化，但是比较不同的文化时就很容易注意到差别。在一种文化中很正常的行为在另外一种文化中可能会显得很奇怪。例如，狗和猫在欧美和中国都是受欢迎的宠物，但是在中东国家，穆斯林家庭不能养狗，猫却非常受欢迎（猫在伊斯兰世界是纯洁的象征）。

一个文化群体可能包括不同的亚文化群，每一个都反映着群体文化和亚文化元素。例如，重要的中国亚文化有：20 世纪

50年代生人（经历文革、上山下乡），60—70年代生人（高考改变命运），80后和90后（独生一代），00后（社交媒体一代），等等。每一种亚文化都代表着不同的市场机会。例如，哔哩哔哩（Bilibili，俗称B站）是中国年轻世代高度聚集的文化社区和视频平台。

人口环境非常重要。今天的世界人口已超过80亿，但是各国的人口分布不均匀。截至2022年11月27日，全球人口前十的国家分别为：中国，14.5亿人；印度，14亿人（很快将超越中国成为世界第一人口大国）；美国，3.3亿人；印度尼西亚，2.8亿人；巴基斯坦，2.3亿人；尼日利亚，2.2亿人；巴西，2.1亿人；孟加拉国，1.7亿人；俄罗斯，1.5亿人；墨西哥，1.3亿人。而最小的国家梵蒂冈人口只有800人。

同一个国家内部人口分布也往往非常不均匀。例如，根据2020年第七次全国人口普查数据，中国人口排名前三的省级行政区分别是：广东省，1.3亿人；山东省，1.01亿人；河南省，0.99亿人。而人口最少的三个省级行政区分别是：西藏自治区，365万人；青海省，592万人；宁夏回族自治区，720万人。而且，不同地区之间的人口流动趋势非常不同。例如，由于珠三角经济发达，所以2010—2020年广东省增加的人口超过2 000万，而东北三省则面临人口因外流而减少的严峻挑战，减少的人口超过 1 000 万（其中黑龙江省减少 646 万人，吉林省减少 339 万人，辽宁省减少 115 万人）。

人口的增长趋势也非常重要。在许多发达国家，人口年增长率低于 1%，有的甚至负增长，这样的增长率不能维持现有人口规模，主要原因是发达国家提升了女性的教育机会和工作机会，以及生育控制变得更加方便。2020 年，中国的出生率也创下自 1978 年以来 43 年里的新低，仅为 0.852%，比日本 2020 年 1.34% 的出生率还低。2021 年，中国的出生率又进一步下降到 0.752%。中国也开始面临低人口增长率和老龄化的挑战。

4. 技术环境

今天，我们处于一个技术创新层出不穷的时代。这些创新改变了个人、家庭和组织的生活和工作，重组了产业，推动了经济增长。例如，互联网改变了许多行业的竞争方式，并提供了以前难以想象的利益给用户。美国的 Coursera 和 edX，以及中国的学堂在线等慕课平台免费提供了国内外许多顶级大学的优秀课程，并且和许多大学合作提供在线学位教育。

近年来，移动互联网进一步改变了消费者的生活方式。例如，滴滴等出行平台整合了闲置的私家车资源，使得提供出行服务的司机大大增加，消费者打车更方便了，再也不用像以前那样受出租车司机"拒载"的气了。又如，美团、饿了么等外卖平台使得外卖成为一个大的行业，目前在中国，外卖骑手就有超过1 000万人，给千家万户提供了方便。

人工智能、5G、物联网、移动支付等技术正在兴起并蓬勃发展。以前，我在收音机里听到一首好听但没听过的歌曲时，我很难知道这首歌的名字；现在，音乐软件里"听歌识曲"的功能可以轻松帮我找到几乎任何一首歌。以前出门乘坐飞机一定要带身份证进行安检，现在很多机场通过人脸识别而无需身份证即可进行安检。以前很多人都要带现金出门，现在不少人身上已经没有现金，只带一部手机出门就能进行付费。可以预见的是，这些技术将进一步改变人们的生活。

有一些科技创新是特定行业的，其他一些则影响了整个经济。比如电脑芯片的创新主要影响计算机行业，互联网则会影响整个经济。互联网正在改变社会运转的方式。从降低成本和促进互动沟通的角度来说，互联网对企业具有重要意义，数字化已经成为每个企业的必经之路。

除了以上的PEST环境分析，有些学者也把PEST这个框架扩展为 PESTLE，其中 L 表示法律和监管环境（legal and regulatory），E 表示物理环境（environmental）。物理环境指的是一个地方的自然环境。各国物理环境有很大的不同，这对企业和消费者都有重大影响。例如，阿联酋是个沙漠国家，这样的物理环境决定了当地淡水资源非常紧缺（主要靠海水淡化），农业不发达。在阿联酋，人们生活所需的水果、蔬菜等各种生鲜农产品基本上靠进口，所以价格非常昂贵。类似地，在阿联酋，由于降水稀少，树木和草坪都需要人工浇水才能存活，所以种植树木和草坪的成本很高。因此，当地人判断一个家庭是否富有主要看其院子里是否有很多树和草坪。

同一个国家内部也有非常不同的物理环境。由于我国幅员辽阔，不同地区的物理环境非常不一样。北方地区冬季寒冷，而南方冬季较为温暖，这会给经济带来重大影响：从小处看，在南方城市，即使在冬天，人们的夜生活也比较丰富，而在北方城市，冬天的夜里街上行人稀少；从大处看，南北经济差距已十分明显，2021 年 GDP 排名前十的城市中，只有北京 1 个北方城市，其他 9 个都是南方城市（上海、深圳、广州、重庆、苏州、武汉、成都、杭州、南京）。西北地区沙漠较多，由于沙漠的物理环境不适宜人们居住，因此内蒙古阿拉善盟面积多达 27 万平方千米，比浙江和江苏两个省的总面积还大，但这里的人口却只有26万人，不如东南沿海的一个小镇。在阿拉善，由于沙漠的原因，人们购买汽车多以越野车为主，因此丰田汽车的陆地巡洋舰、长城汽车的坦克300等都是当地热销的车型。

总的来说，企业对宏观环境进行PEST或PESTLE分析非常重要。有远见的企业会根据环境变化趋势来进行战略改变。本章开篇案例阿里巴巴便是这样的一个例子，马云对互联网的远见帮助他坚定信念创办了阿里巴巴，并使其在短短20多年里成为中国乃至全球价值最高的电商平台之一。又如，中国最优秀的企业之一华为在每个国家拓展市场时都会对当地的宏观环境进行系统的分析，而任正非对电信行业和智能手机行业技术趋势的判断也帮助他做出了正确的战略决策。

BCG矩阵：
如何选择进入不同的行业？

俗话说，男怕入错行。其实，在男女平等的今天，任何人入错行都会严重影响自己的收入。企业也是如此，那么企业究竟该如何选择进入不同的行业？或者，如果企业有多个不同的业务，那么，企业该如何将有限的资源分配到不同的业务中呢？

在这里，我向大家介绍一个著名的营销思维模型——波士顿矩阵（BCG Matrix，即 BCG 矩阵）。波士顿矩阵又称市场增长率-相对市场份额矩阵，由全球著名的战略咨询公司波士顿咨询公司（Boston Consulting Group，缩写为 BCG）的创始人布鲁斯·亨德森于 1970 年首次提出。

波士顿矩阵认为，应该根据每一项业务的市场吸引力和企业在各项业务中的实力来进行战略选择。市场吸引力主要由行业增长率代表，而企业实力则主要由相对市场占有率代表。根据这两个指标的高低，企业可以把各种业务划分为 4 类：明星（stars）、金牛（cash cow）、问题（question marks）和瘦狗（dogs）。接下来我们来具体讨论每一种情况之下，企业应该如何决策。

1. 明星

如果企业某项业务的行业增长率高，而且企业的相对市场占有率也很高，这种业务就被 BCG 矩阵称为明星业务。明星业务由于行业增长率高，将会面临许多已有竞争对手和新进入的竞争对手的激烈竞争，所以企业必须积极扩大经济规模和市场机会，以长远利益为目标，提高市场占有率，巩固竞争地位。因此，对于明星业务，BCG矩阵给出的决策建议是企业应该追加投资。

以iPhone为例。从2007年发布第一代iPhone以来，苹果公司不仅逐渐把诺基亚、黑莓等手机行业曾经的领导者赶出了市场，还引领了全球智能手机行业的浪潮。智能手机行业无疑在过去的十几年里拥有高行业增长率（国内华为、小米、OPPO、vivo等企业也都纷纷加入智能手机行业），苹果在全球智能手机市场的占有率也一直领先（2021年，苹果高居全球智能手机市场占有率第二名，仅次于三星）；同时，由于iPhone定位高端，苹果占据了全球智能手机行业利润的50%以上。因此，苹果公司一直都在追加投资研发下一代iPhone。苹果公司的这一决策获得了巨大的回报。2012年8月21日，苹果公司以6235亿美元的市值，成为当时全球市值最高的公司，并在此后的大多数时间里都保持着全球市值第一的位置。截至2022年11月27日，苹果公司的市值已高达2.4万亿美元，仍然位居全球第一。

再以特斯拉电动汽车为例。从2008年10月特斯拉公司发布首款产品纯电动汽车Roadster之后，特斯拉公司引领了全球电动汽车行业的浪潮。电动汽车行业无疑在过去的十几年里拥有高行业增长率（国内比亚迪、蔚来、小鹏、理想等企业也都纷纷加入电动汽车行业），特斯拉在全球电动汽车市场的占有率也一直领先（2021年，特斯拉高居全球电动汽车市场占有率第一名，销量高达94万辆，占全球新能源乘用车市场的14.4%，在纯电动汽车市场的占比则高达20.3%）；同时，特斯拉公司旗下两款主销产品Model 3和Model Y分别取得了全球新能源乘用车年销量冠军和亚军。因此，特斯拉公司的电动汽车无疑是其明星业务，特斯拉公司也一直在追加投资研发下一个电动汽车产品（例如，特斯拉公司在2019年发布电动皮卡Cybertruck后，一周内就收到了超过25万辆的预订订单，目前该车预订订单已超过120万辆，按每辆车58 000美元的平均价格计算，这些新车订单总额超过800亿美元，但特斯拉公司由于工厂建设和产能限制，目前还没有准确的生产计划）。截至2022年8月19日，特斯拉公司的市值高达9 268亿美元，是全球市值排名第六的公司，仅次于苹果、沙特阿美、微软、谷歌和亚马逊。

2. 金牛

如果企业某项业务的行业增长率低，但企业的相对市场占有率高，这种业务就被BCG矩阵称为金牛业务。金牛业务已进入成熟期，由于市场份额高、销售量大，产品利润相当可观，而且由于行业增长率低，无须增大投资，因而成为企业回收资金、支持其他业务尤其是明星业务的投资的后盾。因此，对于金牛业务，BCG 矩阵给出的决策建议是企业应该回收资金，不追加投资。

以联想公司的个人电脑为例。由于智能手机的出现，个人电脑的上网、游戏、娱乐等功能逐渐被智能手机替代，很多人已经把电脑看成纯粹的学习或办公工具。因此，全球个人电脑行业近 10 年来的行业增长率逐渐下跌，甚至开始停止增长或开始负增长（2016—2019 年，全球个人电脑行业每年的出货量分别为 2.7 亿台、2.63 亿台、2.59 亿台、2.68 亿台）。同时，联想在全球个人电脑市场的占有率一直保持领先（2021 年，联想以 8 400 万台的销量高居全球个人电脑市场占有率第一名，市场占有率高达 24.1%，领先惠普的 21.7% 和戴尔的 17.4%）。因此，联想公司的个人电脑无疑是其金牛业务，联想公司无须追加投资。

3. 问题

如果企业某项业务的行业增长率高，但企业的相对市场占有率较低，这种业务就被 BCG 矩阵称为问题业务。行业增长率高说明市场机会大，前景好，而相对市场占有率低则说明企业存在问题。对于问题业务是否应该追加投资，企业应该在邀请公司内外专家（特别是独立的外部专家，毕竟容易出现"当局者迷，旁观者清"的情况）慎重讨论之后再决策：如果经过慎重分析之后，企业觉得有实力和较大的概率成为市场领先者，那么可以追加投资；如果觉得很难成为市场领先者，那么企业应该果断停止该业务以及时止损。

以乐视的电动汽车为例。由于看好电动汽车行业的前景，贾跃亭创立的乐视在 2014 年宣布跨界进军电动汽车领域。然而，乐视汽车到今天都没量产上市，无疑是问题业务。由于贾跃亭没有及时止损，众所周知的结果是乐视汽车这项问题业务连累了乐视公司，导致乐视从曾经市值高达 1700 亿元的创业板第一股，到最后被深圳证券交易所摘牌，1700 亿元的市值灰飞烟灭。

再以联想公司的智能手机为例。在过去 10 年里，智能手机行业的行业增长率高，但联想智能手机的市场占有率比较落后，这无疑是问题业务。2014 年，联想以 29 亿美元的价格收购摩托罗拉，希望借此机会重振雄风。由此可见，联想公司当时的决策是追加投资。然而，最后的结果却不如人意。根据调研机构 GFK（捷孚凯）的报告，2017 年，联想智能手机在中国市场的销量仅为 179 万部，市场占有率仅为 0.4%。

4. 瘦狗

如果企业某项业务的行业增长率低，同时企业的相对市场占有率也低，这种业务就被 BCG 矩阵称为瘦狗业务。对于这类业务，企业应采用撤退甚至立即淘汰的决策，以保证不再浪费企业资源，将宝贵的资源向其他更好的业务转移。

4C 模型和波特五力：
如何分析行业环境？

在用 PEST 或 PESTLE 模型进行市场宏观环境分析和用 BCG 矩阵进行行业和业务选择之后，进行营销战略决策之前，企业还需要对行业环境的主要要素进行分析。迈克尔·波特提出了一个著名的行业环境分析工具"波特五力"，包括顾客的议价能力、供应商的议价能力、现有竞争者的竞争能力、潜在竞争者进入的能力、替代品的替代能力。由于事实上还有更多的行业因素，接下来我们用前文介绍过的更全面的4C模型来分析行业环境，这个模型也包括波特五力。

1. 顾客

企业提供产品和服务以满足顾客需求，因此，企业必须能识别顾客，洞察顾客需求，并且了解顾客做出购买决策的过程。

顾客分析至少包括以下四个部分。

（1）谁是顾客？

企业对顾客的洞察至关重要。同一家企业的同一个产品可能会有不同的顾客。以航空公司为例，乘客可以分为个人/家庭乘客（旅游、探亲）和商务乘客（因公出差）。通常来说，个人/家庭乘客是自己付费，所以对价格很敏感；商务乘客是因公出差，单位可以报销出行费用，所以他们对价格不敏感。正因如此，近年来许多航空公司在头等舱、商务舱、经济舱的基础上又推出了超级经济舱。经济舱往往提供深度折扣，对象是自己付费的个人/家庭乘客；超级经济舱往往不提供深度折扣，但提供提前登机之类的额外福利，对象是单位可以报销机票费用的商务乘客。很多单位的报销政策不允许员工报销头等舱或商务舱费用，因此超级经济舱就成为很多单位的员工出差的选择。

企业在洞察顾客时需要区别直接顾客和间接顾客。例如，对玩具产品来说，家长们是直接顾客（掏钱购买），孩子们则是间接顾客（使用者、用户）。因此，企业必须考虑二者的区别，并且只有在二者都喜欢产品的情况下才能成功。例如，很多游戏机产品尽管很受孩子的欢迎，却因为父母不愿意购买（父母担心游戏机影响孩子的学习和健康），而无法获得市场成功。有些时候，产品的用户是个人，购买者却可能是组织机构。这时，如果采用B2C的营销方式，企业就可能会犯下错误。例如大学宿舍里的空调，尽管使用者是学生，购买者却是学校，这时企业就必须用B2B的营销方式。

企业在洞察顾客时还需要区别现有顾客和潜在顾客。现有顾客提供收入和利润，但企业在专注于现有顾客的同时，还必须找出潜在顾客。很多企业提供免费体验，这样会吸引更多的潜在顾客，从而促使更多的潜在顾客转化成现有顾客。例如，尽管个人电脑行业已经不再增长，苹果公司的麦金塔电脑近年来的市场份额却能逆势增长，这与苹果重视大学生潜在顾客有关。苹果公司经常会提供免费的麦金塔电脑给大学的计算机实验室，这样很多大学生在习惯麦金塔电脑的操作系统之后，慢慢就会转变成真正的顾客。又如，很多视频网站会提供每部电影或者每集电视剧前5分钟的免费观看机会，以吸引更多人购买电影、电视剧或会员。

（2）顾客需要

为获得顾客洞察，企业需要深入了解顾客需要。顾客需要不但包括一些基本的利益和目的，也可能包括一些潜藏的需要。比如马斯洛需要层次理论中的更高层次的社会需要（爱情、亲情、友情、归属感等）、尊重需要（身份、声誉、成功等）和自我实现需要（达成自己的理想、愿望等）。因此，在提供顾客的基本需要之外，企业还需要深入洞察顾客是否有一些高层次的需要。

以航空公司为例。乘客乘坐飞机所满足的基本需要是交通和安全，更高层次的需要则是尊重需要。因此，尽管与经济舱相比，头等舱/商务舱并不能更快到达目的地，但能更好地满足一部分顾客的尊重需要。所以，头等舱/商务舱的机票价格往往是经济舱的好几倍，有的甚至高达10倍。很多咨询公司的咨询师都会乘坐商务舱，因为这是他们对身份的需要，甚至是对开展业务的需要。

不管在哪个行业，不同品牌往往都会有不同的价格和相应的定位。通常来说，低价品牌满足基本需要，高价品牌在满足基本需要之外，还满足更高层次的社会需要或尊重需要等。例如，星巴克咖啡除了满足消费者对咖啡的生理需要，更重要的是满足尊重需要。毕竟，请合作伙伴去麦当劳喝咖啡，可能会比较尴尬。又如，在中国市场，哈根达斯冰激凌除了满足消费者对口味的需要，还满足消费者对爱情和其他感情的需要，这可以从哈根达斯冰激凌在中国市场的著名广告语"爱她，就请她吃哈根达斯"看出来。

（3）顾客如何购买？

企业必须知道顾客如何购买，包括其决策过程和影响因素。消费者购买（B2C）和企业购买（B2B）的决策过程差异很大。除了少数大额产品（房子、汽车等），消费者购买往往是一个人就可以做出购买决策，购买流程很快；企业购买则需要多个人一起做购买决策，购买流程较慢。例如，一个消费者想购买一瓶可乐，往往在几秒钟内就能做出购买决策。但是，如果是南方航空公司购买可乐作为机上的饮料提供给乘客，则需要采购委员会经过漫长的商务谈判过程或者招投标过程（可能会邀请可口可乐公司和百事可乐公司一起竞争投标）才能完成。

再以航空公司为例。在购买流程上，个人付费的乘客往往会去携程、去哪儿、飞猪等机票平台上搜索比价,而商务乘客则往往由公司内部的预订部门或者相关负责人帮助完成机票预订,无须自己付费(当然,也有很多企业没有预订部门,需要商务乘客自己预订并付费,之后在公司内部进行费用报销)。个人付费的乘客往往最关心价格,并不介意廉价航空公司;可以报销的商务乘客往往关心航班时刻、是否直飞、航空公司品牌、是否该航空公司常旅客计划会员等多个因素,他们往往不愿意乘坐廉价航空公司的航班。

(4)顾客的议价能力

"波特五力"中的"顾客的议价能力"是一个非常重要的行业力量。以航空公司为例。即使是一位普通乘客,在航空公司面前也拥有非常强的议价能力。为什么?因为航空业竞争激烈,任何一家航空公司都可以把乘客从起点送到目的地,核心服务上没有什么差别,乘客往往会根据价格来选择航空公司:谁的票价更低,乘客就倾向于选择谁。正因为如此,各大航空公司往往会陷入价格战,导致盈利水平很低。与之相反,在中国的高铁市场,由于高铁公司是独家垄断的,乘客在高铁公司面前的议价能力就不强。所以即便是在需求低谷期,我们也很少会看到高铁公司大幅降价。

2. 竞争者

企业和它的竞争对手都在吸引和保留相似的顾客群。企业需要花时间研究竞争者，深入洞察竞争者，才能做出正确的决策以赢得市场。"波特五力"分析框架里有三个力量来自竞争者：行业内的竞争者（rivalry）、新进入的竞争者（new entrants）和替代者（substitutes）。

（1）行业内的竞争者

行业内的竞争者（又称为直接竞争者）以相似的产品、技术和商业模式为类似的顾客提供类似的利益和价值。例如，不同的航空公司就是直接竞争者：在国内市场，国航的竞争对手有南方航空、东方航空、海南航空、厦门航空、中国联合航空等数十家航空公司；在国际市场，国航的竞争对手则有美国联合航空、日本航空、大韩航空、英国航空、法国航空、德国汉莎航空、新加坡航空、阿联酋航空、加拿大航空等上百家航空公司。

（2）新进入的竞争者

新进入的竞争者要想在行业里拥有一席之地，就得从已有的行业玩家手中抢走一杯羹。例如，在大飞机制造行业，全球目前只有两大寡头——波音和空客。然而，中国商用飞机公司正在研发 C919 大飞机，一旦研究成功，就会成为全球大飞机行业新进入的竞争者，而波音和空客就会受到冲击。类似地，在全球汽车行业，原来的竞争者包括日本丰田、美国通用、德国大众、日产-雷诺-三菱联盟、韩国现代-起亚等巨头公司。然而，最近 10 年，电动汽车技术进入汽车行业成为新竞争者，给所有传统汽车公司带来了极大的竞争压力。目前，中国的造车新势力蔚来、小鹏、理想等都在蚕食传统汽车厂商的市场份额，还获得了资本市场的热捧。例如，尽管传统巨头吉利汽车 2021 年的销量高达 132.8 万辆，而造车新势力之一的蔚来汽车 2021 年的销量只有 9.1 万辆，但截至 2022 年 10 月 7 日，蔚来汽车的市值为 233 亿美元，高于吉利汽车的市值 1 096 亿港元。

（3）替代者

替代者（又称为间接竞争者）为类似的顾客提供类似的利益和价值，但提供不同的产品、技术或商业模式。例如，不同的航空公司是直接竞争者，但航空公司还面临很多替代者的竞争，包括高铁、普通火车、长途大巴、自驾车等，因为这些替代者都能为乘客提供相同的利益（到达目的地），但产品非常不同。

对竞争者的分析非常重要。以波音和空客为例，这两家飞机制造公司在过去几十年里长期竞争。波音公司成立于1916年，在1958年推出第一架现代商用喷气式飞机，是长期以来的市场领导者。波音公司最成功的飞机是波音737（双引擎单通道，中短途），该机型自1966年首飞成功以来一直畅销不衰。空客公司成立于1970年，是市场挑战者。为了与波音公司竞争，空客公司于1987年推出了空客320（双引擎单通道，中短途），它很快成为波音737的主要竞争对手。而面对波音公司于1969年推出的波音747（四引擎双通道，长途），空客公司于1992年推出了空客A330（双引擎双通道，长途），后者由于更好的燃油经济性而大获成功。波音公司随即于1996年推出了波音777（双引擎双通道，长途）与空客A330竞争……两家公司在竞争中都变得更加优秀。到2016年，波音与空客两家公司基本平分全球大飞机行业的市场份额。

3. 合作者

在当今全球化的商业世界里，任何企业都需要合作者。通常来说，企业需要考虑的合作者主要有：上游供应商（suppliers）、下游渠道商（channel partners，distributers）、互补者（complementors）。此外，企业还需要考虑政府、学校、媒体、金融机构等合作者。

（1）上游供应商

上游供应商是企业重要的合作伙伴之一。在"波特五力"分析框架里，供应商的议价能力也是其中一个重要的行业力量。很多人以为企业在供应商面前是甲方，所以作为购买方的企业总是处于强势地位。这种想法完全错误。事实上，供应商完全可以非常强势。例如，2020—2022年，全球很多汽车厂商都受到上游芯片短缺的影响，无法拿到足够的芯片，这导致汽车产量下降，影响全年营收。华为公司更是受到芯片"卡脖子"的影响，其智能手机市场份额大幅下降。

再以航空业为例，波音和空客等飞机制造商就是航空公司的供应商。由于全球航空公司数量众多，但主要的大飞机制造商目前只有波音和空客两家，因此这两家供应商在航空公司面前的议价能力非常强大。所以，航空公司尽管作为甲方，但基本上对飞机没有太大的讨价还价能力，通常还要等待相当长时间的排期（例如3~5年之后才能交货）。类似地，在航空公司面前，航油供应商也拥有强大的议价能力，航油的定价权主要掌握在中东几个产油大国手里，全球各大航空公司基本没有什么选择。可以说，航空公司的两个主要供应商（飞机制造公司和航油供应商）的高议价能力和强势地位是航空公司的成本居高不下的主要原因。

结合上面对航空公司顾客、竞争者、供应商的分析，我们可以发现，对航空公司而言，不仅供应商（如飞机制造公司、航油供应商）的议价能力很强，顾客也拥有很强的议价能力（乘客随时可以更换其他航空公司或者其他交通工具），而且竞争者（包括行业内的竞争者、新进入的竞争者、替代者）众多，因此航空公司这个行业很难赢利。

（2）下游渠道商

下游渠道商也是企业重要的合作伙伴之一。例如，沃尔玛是全球日化用品巨头宝洁公司的下游渠道商之一。在20世纪60—70年代，宝洁和沃尔玛之间的关系非常紧张。当时，沃尔玛为了实现自己对消费者的低价承诺，竭尽所能压低进货价格，而宝洁公司则以停止供货进行反击，双方的利益在交战中都遭受重创。1987年，宝洁公司高层与沃尔玛创始人山姆·沃尔顿进行了历史性的会晤，双方决定进行战略性合作，通过零库存自动订货发货系统等信息系统进行自动补货和自动结算，大幅提高了双方的效率，降低了双方的成本，最后成功实现了共赢。根据贝恩咨询公司的一项研究，2003 年，宝洁公司 514 亿美元的销售额中有 8% 是通过沃尔玛实现的，而沃尔玛 2 560 亿美元的销售额也有 3.5% 归功于宝洁。

在中国市场，"渠道为王"这句话曾经是包括娃哈哈在内的许多著名品牌的成功法宝。在出现电子商务之前，国美和苏宁就是家用电器行业最大的两家渠道商。可以说，对许多家用电器品牌来说，不通过国美和苏宁，就无法把产品销售给全国各地的亿万消费者。类似地，在装修装饰和家具行业，居然之家、红星美凯龙也是影响力巨大的渠道商。如今，电子商务的出现使得许多企业有了直接触达消费者的自有渠道，从而不必完全依赖传统渠道打开市场。除了电子商务自有渠道之外，苹果、华为、小米等许多科技产品提供商也都开始开设自己的线下旗舰店。因此，当今的企业需要有全渠道（线上＋线下，自有＋合作）的意识，而这必然向企业提出了更高的要求。

（3）互补者

互补者能帮助企业增加销量，企业也能帮助互补者增加销量，企业和互补者可以开发互惠互利的战略。关于互补产品的经典例子有面包和黄油、咖啡和奶油、打印机和墨盒、啤酒和薯片等。

互补者对企业非常重要。如果没有互补者，顾客购买企业产品所能获得的价值就会大打折扣。例如，苹果公司早在1984年就推出了拥有图形界面操作系统和鼠标的麦金塔电脑，而微软则于1985年才推出Windows图形界面操作系统。那时，苹果公司的麦金塔电脑是封闭的系统，而装有Windows操作系统的IBM PC（个人电脑）却是开放兼容的，有很多第三方软件开发公司为其开发应用软件。最终，苹果公司的麦金塔电脑在操作系统之战中败下阵来，其中一个最重要的原因便是它缺少互补者，即各种应用软件。

正因为早年麦金塔电脑的失败（乔布斯还因此在1985年被逐出苹果公司），乔布斯在职业生涯后期回归苹果公司后推出iPhone时吸取了这个教训，在iOS封闭的操作系统里加上了App Store，允许成千上万的开发人员为苹果公司开发应用软件。也正因为如此，尽管iPhone的iOS操作系统是封闭的，但它并不缺少互补者，从而在与安卓手机的市场之战中保持着长期的竞争力。

除了上述的上游供应商、下游渠道商及互补者，企业还需要考虑其他很多合作者，例如政府、媒体、学校、金融机构等。在中国，政府的支持非常重要，可以帮助企业获得很多资源，包括税收优惠政策等。媒体报道可以帮助企业获得声誉，也可能直接让企业陷入舆论旋涡。例如，2021年12月，中国知网因为被89岁高龄的中南财经政法大学教授赵德馨起诉擅录其论文，而被《人民日报》、央视网等权威媒体批评为"店大欺客"和"借鸡生蛋"。不仅如此，这件事还导致知网受到反垄断调查和处罚。2022年12月26日，知网因滥用市场支配地位被国家市场监督管理总局处罚8 760万元。大学也往往是企业重要的合作伙伴，不仅可以为企业输送人才，还可以与企业进行研发上的合作。例如，华为公司和清华大学、北京大学等多所中国顶尖高校长期合作，从而得到了源源不断的优秀人才，实现了一些高科技项目的联合研发。金融机构的贷款支持对包括地产业在内的许多行业非常重要。例如，在2016年以前，万达集团获得了大量金融机构的支持，在全球各国并购了许多企业；2016年后，失去金融机构支持的万达集团只好被迫贱卖资产，这才安全着陆。

4. 企业自身

除了洞察顾客、竞争者、合作者，企业在进行4C行业环境分析时还需要获得良好的企业自身洞察（company insight）。企业在进行自身分析时，可以分析自身的优势和劣势，这是著名的战略分析工具SWOT中的一部分，其完整内容包括企业的优势（strengths）、劣势（weaknesses）、机会（opportunities）和威胁（threats）。

顾名思义，战略最早来源于军事。在军事上，交战的双方需要深谙各自的优劣势，才能做出正确的战略选择。例如，1626年，明朝辽东小城宁远的守将袁崇焕深知自己的优势在于城墙和火炮，而劣势在于兵力较少、骑兵和步兵的肉搏能力逊于后金努尔哈赤的军队。因此，袁崇焕选择了坚守城墙不出，在面对努尔哈赤的大军攻城时，袁崇焕坚决用火炮反击，结果获得了以少胜多的"宁远大捷"，这是明朝末年面对后金难得的一次重大胜利。

在商业上，每家企业也都有优势和劣势，因此企业的战略需要利用优势而避开劣势。例如，在电动汽车市场上，面对特斯拉的品牌优势和技术优势，柳州五菱选择了以价格作为自己的优势。柳州五菱一直以来的优势都是价格，其生产的五菱宏光曾经因价格低、销量大而被中国网友戏称为神车。于是，在电动汽车时代，柳州五菱也推出了宏光MINIEV电动汽车，定价仅3.76万元左右，尽管这款车空间小（车长才2.9

米）、续航里程短（120 千米），但价格优势仍然帮助它占据了市场份额的领先地位。2021 年，五菱宏光 MINIEV 在中国市场累计销量为 42.6 万辆，名列中国电动汽车市场单一车型销量第一（对比之下，2021 年，特斯拉在中国市场的销量为 32 万辆）。

洞察顾客：
获得诺贝尔奖的营销底层思维

洞察顾客对于企业至关重要。顾客究竟是如何进行决策的？顾客的决策是否遵循一定的规律？在过去几十年里，大量的行为经济学、消费者心理学、消费者行为学等领域的研究者对此进行研究，其中有些研究成果还获得了诺贝尔经济学奖。下面我简单介绍下获得诺贝尔经济学奖的两个非常重要的顾客决策规律：损失规避和心理账户。

1. 损失规避

让我们一起来做一个实验。假设你获得了一个奖，现在你有以下两个选择：

A. 确定性地得到 100 元。
B. 有 50% 的可能性得到 200 元，还有 50% 的可能性什么都得不到。

这时，你会怎样选择？如果你的选择是 A，那么恭喜你，你和大多数人的选择是一样的，大多数人都选择安全没有风险的选项 A。

接下来，看下面的这个问题。如果你现在已经有 200 元，有两个选项让你选：

A. 损失一半，也就是确定性地损失 100 元。
B. 有 50% 的可能性完全损失这 200 元，还有 50% 的可能性不会有任何损失。

这时，你会怎样选择？实验数据表明，大多数人会选择 B，愿意冒险选择赌一把的人变多了。

如果比较一下上面的两个问题，你就会发现，其实它们的选项 A 的最终结果是一样的，都是确定性的 100 元；它们的选项 B 的最终结果也是一样的，都是 50% 的可能性有 200 元、50% 的可能性一无所有。这说明传统经济学的理性人假设并不成立。因为，如果人们真的理性，那么偏好就不会逆转，而会保持一致。

如果进一步认真分析，我们就会发现在第一个问题里，A 是确定性的收益，B 是不确定性的收益。换句话说，A 是没有风险的收益，B 是有风险的收益。大多数人选择 A 的结果说明，大多数人在面对收益的时候，是不喜欢风险的。相反，在第二个问题里，A 是确定性的损失，B 是不确定性的损失。大多数人选择 B 的结果说明，大多数人在面对损失的时候，是喜欢风险的。

1979 年，美国普林斯顿大学的心理学家丹尼尔·卡尼曼教授和斯坦福大学的心理学家阿莫斯·特沃斯基教授最早研究了人们厌恶风险这一现象，并提出著名的前景理论（Prospect Theory）来解释人在不确定性下的决策和行为。基于其提出的前景理论等在心理学和行为经济学上的重大发现，2002 年，卡尼曼教授荣获诺贝尔经济学奖。令人遗憾的是，特沃斯基教授在 1996 年已经去世，未能分享该殊荣。

获得诺贝尔奖的前景理论发现：（1）当面对收益时，人们会进行风险规避；（2）当面对损失时，人们反而会进行风险寻求；（3）人们对损失比对收益更加敏感，因此人们会进行损失规避（loss aversion）。

也就是说，人们面对收益和损失的风险承受能力是不对称的：人们会为了避免损失而承受更多的风险（更喜欢"赌一把"），但在面对同样数量收益的时候，很少有人会鼓起勇气去承受风险（更喜欢确定的收益），而且人们对损失的敏感度远远超过对收益的渴望。

损失规避的现象在生活中极为普遍。利用人们对损失的规避心理，很多行业创造了不可思议的赚钱机会。比如化妆品行业，它利用的是青春和美的流逝给女人带来的失落感。即使你在镜子里并没有看到皱纹的出现，它也会让你相信，如果没有那瓶昂贵的抗皱面霜，青春就将很快消失。同样的还有保险业，它的成功在于让人们看到这个世界是动荡不安的、充满混乱和灾难的。至于制药业和保健品行业的成功，则建立在人们对各种疾病和"亚健康状态"的恐惧上。"损失规避"给化妆品、保险、制药和保健品等行业带来的商机有多大，从以下数据中可见一斑：在中国，化妆品行业每年投入的广告宣传费用大约是350亿元；在美国，保险公司每年要花费30亿美元用于广告促销；很多中国制药公司在广告上的花销大大超过了它们在药品研发上的投入。

这些行业之所以会花大量的费用在宣传上，并非没有依据。正是对损失的敏感和对规避损失的迫切需要，使得消费者追捧并热衷购买化妆品、保险、药物和保健品等"预防损失"的产品。更重要的是，拥有这些产品会给他们一种稳定感和安全感，从而让他们在面对各种未知因素的时候不至于束手无策。

这种安全感对消费者来说非常重要，甚至超过了这些产品实际能够发挥的功能和作用。很多行业也由此发掘出了损失规避的商业"潜规则"：让顾客相信产品能够做什么，往往比产品实际能做到什么更重要。

2. 心理账户

心理账户（mental accounting）的概念及其理论在1980年被首次提出，提出人是行为经济学的另一位奠基人和消费者决策心理学领域最有影响力的学者之一、芝加哥大学的理查德·塞勒教授。正是由于他在心理账户理论等消费者心理学和行为经济学上的重大贡献，2017年，他荣获诺贝尔经济学奖。

那么，让塞勒获得了诺贝尔奖的心理账户理论究竟是什么呢？心理账户理论认为，人们不仅有对物品分门别类的习惯，对于钱和资产，人们一样会将它们分别归类、区别对待，在头脑中为它们建立各种各样的账户，从而管理、控制自己的消费行为。通常这种做法是在不知不觉中完成的，人们感觉不到心理账户对自己的影响。但人们如何将收入和支出归类，却可以直接影响他们的消费决策。

我们不妨做个实验。假设你住在北京，今晚在国家大剧院有一场非常棒的音乐会，你想去听，于是你提前买了一张价值1 000元的音乐会门票。然而，当你准备从家里出发去国家大剧院的时候，你发现音乐会门票丢了。你知道，音乐会这样的阳春白雪，这么贵的门票，看的人不多，现场还有门票，你可以再花1 000元买到同样的票。问题是：你现在愿意去现场再花1 000元买一张门票吗？

你的回答是什么？我每次在清华课堂上做这个实验，大多数人的选择都是不愿意再花1 000元去买一张门票。

接下来，我把刚才的版本稍微改一下。假设你住在北京，今晚在国家大剧院有一场非常棒的音乐会，你想去听，票价是1 000元。你并没有提前买票，因为你知道音乐会这样的阳春白雪，这么贵的门票，看的人不多，现场随时可以买到门票。然而，就在你准备从家里出发去国家大剧院的时候，你发现钱包里有一张1 000元的购物卡丢了。请问，你还会继续去国家大剧院花1 000元买票听音乐会吗？

你的回答是什么？大多数人的选择是继续去买票。

这两个场景有什么不同？在第一个场景里，丢的是1 000元的音乐会门票；在第二个场景里，丢的则是1 000元的购物卡。在这两种情况下，你的个人资产都损失了1 000元，在银行或者经济学家眼里，这两种情况没有任何不同。然而为什么大多数人会有不同的回答？

这是因为，在人们心里，音乐会门票1 000元和购物卡1 000元的意义是不一样的。前者代表娱乐预算，既然丢了，再花1 000元在音乐会门票上就意味着超支，相当于要花2 000元购买一张音乐会门票，这让大多数人很难接受。后者是购物卡，它丢了并不影响娱乐预算，我们仍可以继续花钱买票听音乐会。这两种情况尽管实质上都是丢了1 000元钱，却导致了人们完全不同的消费决定。

所以，在人们的心目中，的确存在着一个个隐形的账户：该在什么地方花钱，花多少钱，如何分配预算，如何管理收支，总要在心中做一番平衡规划。当把一个账户里的钱花光了的时候，人们就不太可能再去动用其他账户里的资金，因为这样做打破了账户之间的独立和稳定，会让人感到不安。

请记住，要说服人们增加对某项花费的预算是很困难的，但要改变人们对某项花费所属账户的认识相对容易。换句话说，如果人们不愿意从某个账户里支出消费，只需要让他们把这笔花费划归到另一个账户里，就可以影响并改变他们的消费态度。

与损失规避理论对保险、化妆品、保健品等行业有重要的营销启示类似，心理账户理论也有非常重要的营销实践启示。接下来，我将和大家分享心理账户的两个营销启示：礼物营销和最好的礼物是什么。

3. 礼物营销：如何让顾客心甘情愿花高价下单？

企业要想让顾客心甘情愿下单，有时需要改变他们对心理账户的认知。这是因为不同的心理账户对价格的接受程度是不一样的。比如，在"日常开销"账户里，人们可能会觉得一件东西贵，但如果把它归入"礼物"这个账户，人们就不会觉得它贵了。这意味着，如果人们把一件商品看成礼物，他们对价格的接受程度就会相应提高。

对企业来说，这是一个好消息。如果某件产品作为"日常用品"不太好卖，就可以把它包装起来，作为"礼物"来卖。这样做正是利用了人们对心理账户划分的主观性：一件商品既可以被看成"日常用品"，也可以被看成"礼物"。所以，问题的关键在于改变人们对这笔消费的感知和账户归属。

例如，著名的茅台酒就主要是作为礼物来进行营销的。茅台酒全国统一零售价 1 499 元，但大多数人根本买不到，真正的市场价在 3 000 元左右。这么贵的酒，很少有人舍得买回家自斟自饮。然而，在求人办事时，很多人却舍得买茅台酒作为礼物，请对方在宴席上喝或者送给对方带回家。可以说，茅台成功地把自己与其他所有白酒差异化了，成为中国人眼中在请客吃饭时让人最有面子的酒。其实，喝茅台并不是喝酒，送茅台也不是送酒，本质上都是拉关系和求人办事。中国人讲究人情关系，谁不求人办事？如果你要求人办事，买什么酒最好？当然是最贵的茅台才能体现你的诚意！这就是茅台成功的秘密。也正因为如此，茅台不可思议地成为 A 股市值老大。截至 2022 年 10 月 7 日，茅台的市值达到 2.35 万亿元，位列 A 股第一，高于中国工商银行、中石油、中石化的市值。茅台的市值甚至超过其所在地贵州省一年的 GDP，非常不可思议。

类似地，著名的脑白金也主要是作为礼物来进行营销的。史玉柱在进行市场调研时发现，中国的老一辈人吃苦吃惯了，所以对自己很抠门儿，不舍得花钱买保健品。但如果是子女后辈买来孝敬他们，老人们倒是十分乐意接受。于是，史玉柱得出结论：脑白金的营销对象不是老年人，而是年轻人。因此，史玉柱最后推出这样的广告语："今年过节不收礼，收礼就收脑白金。"可以说，这句广告语已经家喻户晓，成为最典型的礼物营销广告语之一。

4. 最好的礼物是什么？

如果传统经济学理论是对的，现金将是最好的礼物，因为它可以购买任何东西，而东西一旦到手就无法换回同等价值的现金。然而，我们都知道这是荒谬的。如果一个男人向一个女人求爱，不是献给她一束价值200元的玫瑰，而是直接送200元现金给她，估计求爱会立刻失败。由此可见，传统经济学里"现金大于等于任何同价值的商品"这个假设在现实生活中是不成立的。

那么，究竟什么是最好的礼物？在对心理账户和送礼行为的研究中，理查德·塞勒教授发现，最好的礼物就是收礼人自己非常喜欢但又舍不得买的东西。例如，大牌围巾和皮包、保时捷跑车等奢侈品，或者海外度假、进口巧克力等享乐品，都是非常好的礼物。这是因为尽管人们通常非常喜欢奢侈品或享乐品，但他们往往舍不得买给自己（奢侈品或享乐品都不是工作或者生活的必需品，因此在人们心理账户里的预算限制较紧）。而如果收到这样的礼物，人们就会非常开心。

举个我自己的例子。2011年，清华大学派我去印度尼西亚首都雅加达为当地的华人企业家讲一天课。由于印尼太远，从北京飞到雅加达大约要10个小时，来回就要20个小时，我就不是特别乐意去。毕竟，只是讲一天课，总共就要花费我三天的时间。这时，当地的联合主办方想到了一个办法，邀请我讲课之后顺便去印尼的巴厘岛度假玩几天。巴厘岛作为度假胜地举世闻名，但我还没去过，听到这儿，我就毫不犹豫地答应了。

事实上，如果计算一下，就会发现主办方邀请我顺便去巴厘岛度假几天并不需要花费太多，两晚的巴厘岛五星级酒店住宿加上雅加达往返巴厘岛的机票只需要人民币几千元就够了，但对吸引我去雅加达讲课起了非常关键的作用。相反，如果不是用免费的巴厘岛度假来吸引我，而是直接把这几千元加到给我的讲课酬金里，就对我没有任何吸引力。毕竟，我的银行账户并不缺这几千元，我真正缺的确实是度假。直到今天，我仍然会回忆起那次巴厘岛度假的快乐时光。

由此看来，免费的海外度假作为礼物或者奖励真的非常有效。很多公司为了激励员工，也会奖励免费海外度假。而如果换成与免费海外度假等值的现金，激励效果对一些人来说就明显不如免费海外度假。很多企业在年终大会上会给公司的销售冠军奖励一辆宝马汽车，也是同样的道理。为什么不直接发钱？原因是发了钱之后，大多数人就舍不得拿去买宝马汽车了，而是更可能存起来买房子或者给孩子当学费。而奖励宝马汽车之后，获奖的员工每次开车时都会想起公司的激励，从而更加努力地工作，这对其他员工也是很好的鼓励（只要努力实现优秀业绩，你也可以获得奖励），从而鼓舞了全公司的士气。

篇幅所限，我对顾客洞察中的两个获得诺贝尔奖的伟大发现——损失规避和心理账户——及其对营销实践的启示的讨论告一段落。我曾经写了一本书《理性的非理性》，里面介绍了大量的行为经济学和消费者行为学的研究成果，可以帮助企业洞察顾客的决策规律，感兴趣的读者可以进一步阅读。

市场调研：
营销决策为什么不能"拍脑袋"？

企业在进行行业分析时，需要对顾客、竞争者等进行深入的市场分析，而为了获得数据，往往就需要做市场调研。

1. 为什么需要市场调研？

很多企业家在做市场决策时喜欢凭直觉和经验。然而，不管企业家过去多成功、多有经验，直觉和经验都有失灵的时候。下面以计算机行业为例，我们来看看几位著名企业家曾经做出的错误判断。

1944 年，世界上第一台大尺度自动数位计算机诞生了。那时，IBM 已是全美最大的商用机器公司，其主要产品包括打字机、打孔卡片、打孔机、字母制表机、会计计算机等系列产品。被誉为"计算机之父"的 IBM 创始人托马斯·沃森当时资助哈佛大学的计算机专家艾肯博士研发出了世界上第一台自动顺序控制计算机"马克 1 号"。这台计算机长 15.5 米，高 2.4 米，看起来像火车的一节车厢（2019 年，我带领中国企业家访问哈佛大学，一起到现场看过这台庞然大物）。看到这台计算机之后，托马斯·沃森认为，尽管计算机能够解决重要的科学计算问题，但是价格昂贵，几乎没有人肯出资买这样一台机器，计算机的前途非常渺茫。因此，他说："这个世界大约需要 5 台计算机就够了。"然而，托马斯·沃森的儿子小托马斯·沃森却深信，到一定时候，计算机将具有巨大的市场，父子时常因此而争论不休。1949 年，托马斯·沃森决定放权让儿子小托马斯·沃森去发展计算机。1956年，托马斯·沃森去世，小托马斯·沃森成为IBM总裁。在他的努力之下，IBM最终成为20世纪50年代到70年代计算机行业独占鳌头的蓝色巨人。

事实上，托马斯·沃森不是唯一一个做出错误判断的计算机行业先驱。被誉为"小型机之父"的计算机公司DEC（美国数字设备公司）创始人肯尼斯·奥尔森也曾犯下类似的错误。在DEC之前的IBM时代，计算机就是大型机，是犹如火车车厢的庞然大物。而肯尼斯·奥尔森成功发明了体积相当于电冰箱的小型机，这一成就非常伟大，使DEC在20世纪70年代成为仅次于IBM的计算机公司。然而，即使这么伟大和成功，肯尼斯·奥尔森也在1977年做出了错误的判断："没有理由让任何人在家里拥有一台计算机。"

确实，这两位计算机先驱无论如何也想不到计算机后来会进入个人电脑时代。1975年，比尔·盖茨和保罗·艾伦联合创立了微软公司；1976年，史蒂夫·乔布斯和史蒂夫·沃兹尼亚克联合创立了苹果公司。这两家公司后来共同引领计算机行业进入个人电脑时代。现在，许多人家里都有不止一台计算机了。如果把智能手机也看成计算机（确实，现在一部小巧的智能手机已经在运算速度、内存、功能等各个维度上轻松秒杀20世纪50年代到80年代的各种计算机了），那么许多人都有不止一台计算机。

　　伟大如史蒂夫·乔布斯，也曾经做出错误的判断。2007年，史蒂夫·乔布斯宣布苹果公司推出触屏智能手机iPhone，随后获得了巨大的成功。然而，面对竞争者纷纷开始模仿并推出更大屏幕的智能手机，苹果公司却一直坚持不改变屏幕大小：从2007年的第一代iPhone到2011年的iPhone 4S，iPhone的屏幕尺寸一直保持在3.5英寸[①]。面对竞争对手的来势汹汹、消费者的抱怨和媒体的质疑，史蒂夫·乔布斯数次公开断言："3.5英寸是最适合人类的屏幕大小，超过这个最佳尺寸的手机将鲜有顾客问津。"苹果公司的这个错误一直到2014年才由乔布斯的继任者蒂姆·库克改正：那一年，苹果公司推出了iPhone 6大屏幕手机，并创下了迄今为止各代iPhone都未能突破的销量纪录——超过2.7亿部。

　　由此可见，即使是托马斯·沃森、肯尼斯·奥尔森和史蒂夫·乔布斯这样的伟大人物，也都会做出对市场的错误判断。正因如此，企业需要深入倾听顾客的声音，并进行科学的市场调研。

　　需要指出的是，企业能否科学地进行市场调研非常重要。如果市场调研的样本有偏差，从而导致结果有偏差，这并非市

[①] 1英寸为2.54厘米。——编者注

场调研的问题，而是因为企业没有进行科学的市场调研。例如，2016年美国总统大选中，很多调研机构都预测希拉里将当选，而特朗普将落选。然而，最后特朗普当选，这一结果令这些调研机构大跌眼镜。究其原因，主要就是样本偏差（被调查的对象大多数是支持希拉里的选民）和投票率偏差（由于很多支持希拉里的选民觉得稳操胜券，不差自己一票，他们最后并没有去投票）。

美国市场营销协会给市场调研的定义是："市场调研是通过对信息的确定、收集、分析和解释，帮助营销者了解市场环境、识别问题和机遇并制定和评估营销活动的过程。"

市场调研的作用如下。

（1）帮助科学决策。从市场调研的定义可以看出，市场调研的主要作用就是通过对信息的确定、收集、分析和解释，帮助企业决策者进行科学的营销决策。如果没有市场调研的帮助，企业决策者的决策就可能是"拍脑袋"，结果就可能造成很多荒谬的预测，就如上述的众多例子。可以说，市场调研是决策者的高级智囊。

（2）降低风险和不确定性。通过市场调研，决策者得以进行科学的决策，从而降低决策的风险和不确定性。如果没有信息就进行"拍脑袋"决策，决策者面临的风险和不确定性就非常大，这就如行军打仗没有地图或者敌军情报。

（3）增加成功的可能性。与没有信息的"拍脑袋"决策相比，有了市场调研带来的信息，营销者的决策就更加可能成功。企业如果非常了解顾客的需求，其推出的新产品成功的可能性就会大大提高。

请记住，市场调研并不保证企业的成功。事实上，由于市场的不确定性，没有任何预测可以保证100%的准确。如果有人宣称自己可以100%预测未来，那么他只要靠投资股票即可成为世界首富，又何必辛苦工作呢？因此，千万不要相信那些不讲科学的算命先生或者所谓的可以预测未来的超能力人士！

为了更好地理解市场调研的作用，我们可以将市场调研看作营销决策者和市场环境之间的关键桥梁。也就是说，市场调研的主要作用是为营销决策者提供相关的信息（宏观环境、行业环境、顾客洞察、现有营销组合策略等），从而帮助营销者更好地做新的营销决策（市场细分、目标市场选择、市场定位、营销组合策略等），降低风险和不确定性，增加成功的可能性。

2. 市场调研过程

市场调研过程通常包括如下 6 个步骤。

（1）定义问题（problem formulation）。定义问题是市场调研的第一个步骤，也是最重要的步骤。如果问题定义错了，那么后续的市场调研就会犯方向性的错误，不但造成时间和人力财力的浪费，而且可能导致企业无法及时做出科学的营销决策，产生严重后果。

（2）研究设计（research design）。研究设计是市场调研的蓝图，是研究者进行研究的计划。在研究设计阶段，研究者必须根据研究问题，选择研究方法（探索性研究、描述性研究或因果性研究），并规划具体的数据收集设计、数据收集及数据分析等步骤。研究设计必须保证和营销决策问题的相关性（研究结果可以帮助营销者做更科学的决策），以及营销研究在经济上、时间上的可行性。

（3）数据收集设计（data collection design）。根据研究设计所选择的研究方法，研究者在数据收集设计这一阶段需要选择对应的具体研究方法。例如，如果研究设计确定将使用探索性研究，则研究者在具体研究设计阶段需要选择具体的探索性研究方法（二手数据法、一对一深入访谈法、焦点组访谈法、观察法、影射法等）。在数据收集设计阶段，研究者还需要进行测量和量表设计、问卷设计、抽样设计等工作，以便为数据收集做好准备。

（4）数据收集和准备（data collection and preparation）。数据收集和准备分为数据收集和数据准备两个阶段。在数据收集阶段，研究者应该制订数据收集工作的计划，进行人员培训，执行数据收集计划，复核数据，并进行总结和评估。数据收集的方法包括入户访问、商场拦截访问、电话访问、邮寄问卷、电子邮件问卷、网络问卷等。在数据准备阶段，研究者需要对数据进行审核、编辑、编码、录入、清理和调整等，以便研究者可以对研究数据进行分析。

（5）数据分析和解释（data analysis and interpretation）。在数据分析和解释阶段，研究者首先需要对研究数据进行描述性统计等初步分析，然后对研究假设进行统计检验。根据研究问题和数据特征，研究者可以运用列联表分析、均值比较、方差分析、相关与回归分析、因子分析、聚类分析、多维尺度分析和感知图、联合分析等多种统计方法。最后，研究者需要解释统计分析所得出的研究结果。

（6）报告研究结果（research reporting）。在这一阶段，研究者需要将研究结果报告给营销决策者，以帮助其做科学的营销决策。报告研究结果通常包括撰写书面研究报告和做口头报告。书面研究报告的内容主要包括执行总结、研究问题、研究框架、具体研究设计、数据收集、数据分析、研究结果、研究局限性、研究结论和建议等部分。而口头报告是营销研究者与营销决策者进行直接沟通的重要过程。

3. 市场调研案例：达英-35 和妈富隆避孕药

在德国先灵公司携其女性日常避孕药达英-35（Diane 35）进入中国市场前，为了更好地了解潜在用户，先灵公司在中国多个城市进行了长达数年的市场调研，主要探究中国女性关于避孕的知识、态度和观念，选择何种避孕方法，以及如何购买避孕药。

研究结果的确令人震惊，研究表明：（1）只有很小一部分（少于2%）女性使用日服避孕药，而在西方国家，这一比例是40%。（2）虽然医学专家都认为选用其他的避孕方法会更好一些，但由于缺乏避孕药知识和信息，许多女性使用过长效避孕药或紧急避孕药。（3）不同于西方国家，在中国，女性通常和她们的伴侣共同决定和选购避孕用品。基于这一发现，先灵公司决定将男性也纳入其调研范围。（4）药店销售人员在女性选购避孕产品的过程中起很大的作用。

基于这些调研结果，先灵公司调整了其营销和沟通策略，改以顾客教育为主。他们也积极与政府机构合作，致力于女性避孕常识的普及。因此，先灵公司非常成功地打入了中国市场。

先灵公司的达英-35避孕药的直接竞争者——荷兰欧加农制药公司的妈富隆避孕药，也获得了类似的顾客洞察。妈富隆雇用了一家负责零售业点对点数据采集和货架管理的公司——尤尼森公司来进行市场调研。尤尼森公司调查了中国数千家药房，密切关注周围的社区人口和附近的地方医院。相应地，妈富隆也组织了药品销售人员在女子医院附近的高收入小区开展了一些有效的知识普及。

对任何一家企业来说，获得顾客洞察都至关重要。德国先灵公司和荷兰欧加农制药公司（先灵公司于2006年被拜耳公司收购；欧加农制药公司于2007年被先灵葆雅公司收购，于2009年随着先灵葆雅公司并入默克公司，默克公司又于2014年将旗下消费保健部门出售给德国拜耳公司。因此，目前达英-35和妈富隆均为拜耳公司旗下产品）都发现了其他竞争者的遗漏点，也找到了最有效的营销方式——顾客教育。它们的沟通策略都以直接向女性提供精确而详细的信息为主，这种方式与其在本国市场（德国、荷兰）所采用的情感诉求方法完全不同。

在有些方面，中国消费者的消费行为和决策习惯与西方消费者大同小异。在另一些方面，二者又完全不同。营销调研，尤其是针对消费者决策过程的调研，对于企业制定正确的营销策略至关重要。有时，企业复制其他地区已获成功的营销方案也并无不可，但中国企业不能一味地盲目模仿。在模仿之前，应该先做一份细致的营销调研，确认在其他国家或地区获取成功的营销方案背后潜在的假设在中国也行得通。记住，营销调研并不能保证企业成功，却能协助做出更好的营销决策。

4. 市场调研的局限性

市场调研对科学的营销决策有非常大的辅助作用，但并不是万能的。因此，我们必须清楚地认识市场调研的局限性。与市场调研的三个作用对应，市场调研的局限性也有三个方面。

（1）无法替代决策。市场调研可以帮助营销决策者做科学的决策，但是并不能替代营销决策者的决策。换句话说，市场调研只能为决策者提供与其决策相关的信息，但是并不直接形成决策。

（2）无法消除风险和不确定性。这和前文说到的任何人都无法 100% 准确地预测未来是一致的。

（3）无法保证成功。市场调研通过对信息的确定、收集、分析和解释，可以帮助营销者进行科学的决策，增加成功的可能性，但是并不能保证成功。这和无法消除风险和不确定性是一致的。此外，一项营销决策的成功还取决于多个因素，例如执行决策的能力。如果无法很好地执行一项决策，那么该决策同样可能失败。

  以上，我简单分享了企业为什么要进行市场调研，以及市场调研的定义、用途、过程和方法，感兴趣的读者可以进一步阅读专业的市场调研书，或者学习专业的市场调研课程。尽管企业家本人并不需要学会自己进行市场调研，但是对市场调研有所了解仍然非常必要。企业家至少要知道，什么时候需要请专业的市场调研公司帮助进行市场调研。因为如果根本不知道市场调研，企业家就容易犯下一切决策靠"拍脑袋"的错误。

第三章

市场战略

市场细分、目标市场选择和市场定位

1987年，43岁的退伍军人任正非遭遇了他人生中的"至暗时刻"：因为在经营中被骗200万元而被国企南油集团除名，同一年又与妻子离婚。然而，正是在那一年，任正非却大胆借了2.1万元在深圳创立了华为公司。2021年，华为的销售收入高达6 368亿元。在2022年的《财富》全球500强榜单中，华为排第96位。此外，在2021年Interbrand全球品牌百强排行榜上，华为仍然是中国唯一入选的品牌，并已连续8年上榜。

华为成功的秘密是什么？可以说，华为的成功离不开其创始人任正非在市场战略上的远见卓识。创立初期，华为的主要业务是代理销售一家香港公司的用户交换机（PBX）。当时，华为的交换机代理生意做得不错，成功赚得第一桶金。然而，任正非慢慢发现越来越多的竞争对手开始进入交换机代理市场，于是他做出了华为历史上第一个重要的市场战略决策：从代理别人的交换机转向研发自己的交换机。

1990年,华为开始自主研发面向酒店与小企业的PBX技术并进行商用。1992年,华为开始研发并推出农村数字交换解决方案。当时,任正非是孤注一掷靠借款进行交换机研发的。1993年年底,华为成功研发出C&C08交换机。由于价格比国外同类产品低三分之二,华为迅速占领了市场。1995年,华为销售额达15亿元,主要来自中国农村市场。1997年,华为推出无线GSM(全球移动通信系统)解决方案,并在1998年将市场拓展到中国主要城市。

任正非这个"农村包围城市"的战略后来还被华为成功应用到全球市场的竞争中,先去亚非拉发展中国家和地区获得市场(这些地方的竞争相对没那么激烈,而华为的低价格在这些地方有明显的优势),再去欧美发达国家市场进行竞争。1999—2000年,华为先后拿下了越南、老挝、柬埔寨和泰国的GSM市场。随后,华为又把优势逐渐扩大到中东地区和非洲市场。2000年,华为在海外市场的销售额达到1亿美元。2002年,华为在海外市场的销售额突飞猛进,增长到5.52亿美元。2004年,华为获得荷兰运营商Telfort超过2 500万美元的订单,首次实现在欧洲的重大突破。到2007年年底,华为已成为欧洲所有主流运营商的合作伙伴。2008年,华为为加拿大运营商 Telus 和 Bell 建设下一代无线网络，并被《商业周刊》评为全球十大最有影响力的公司之一。2009 年，华为在无线接入市场份额跻身全球第二，并且成功交付全球首个 LTE/EPC（长期演进技术/第四代移动通信技术核心网络）商用网络，获得的 LTE 商用订单数居全球首位。

正是基于"农村包围城市"的市场战略，一开始技术落后的华为慢慢打败了技术领先的若干跨国巨头，包括阿尔卡特-朗讯、诺基亚、摩托罗拉等。2009 年，华为营收 1 491 亿元，其中来自海外市场的收入占比超过 60%。2010 年，华为营收达 1 850 亿元，第一次上榜《财富》全球 500 强，并成为全球第二大电信设备提供商，仅次于爱立信。

就在一切似乎顺风顺水的情况下，任正非开始思考华为下一步的市场战略。首先，就在 2010 年，华为遇到了一些国家的阻力，包括 2010 年 4 月印度禁止进口华为产品和 2010 年 6 月欧盟对华为无线路由器发起反倾销调查。也是在这一年，苹果公司的 iPhone 4 在中国市场开始被疯抢。于是，任正非决定，华为除了作为全球领先的电信设备提供商（B2B），还要大力进军消费者智能手机终端业务（B2C）。2010 年 12 月 3 日，任正非召开核心会议，正式宣布进军智能手机终端业务，而且把智能手机终端业务与运营商业务、企业业务并列（在此之前，华为的终端业务规模很小，而且只是为运营商贴牌定制）。

可以说，这是华为的一个重要战略转折点。当时，很多海外运营商都反对华为进入消费者智能手机业务，这相当于从原来各海外运营商的供应商变为它们的直接竞争对手。在华为内部，原来从事运营商终端业务的团队也强烈反对。尽管面临非常大的阻力，但是在任正非的坚定战略下，经过华为消费者业务负责人余承东及其团队几年的努力，华为一跃成为全球智能手机的领先企业之一。2014 年，华为智能手机发货量超过 7 500 万台，华为首次登上 Interbrand 全球品牌百强排行榜。2015 年，华为智能手机发货量超过 1 亿台，在全球智能手机市场进入前三，在中国市场份额居首位。2018 年，华为智能手机全球发货量突破 2 亿台，稳居全球前三，华为公司全年销售收入首超千亿美元。2020 年，华为的销售收入高达 8 914 亿元。2021 年，尽管面临手机芯片断供的制裁，华为仍然以 6 368 亿元的销售收入在 2022 年《财富》全球 500 强榜单中排名第 96。

总结华为的战略，与"农村包围城市"战略一样重要的是华为始终根据行业发展趋势，坚持营销和创新两条"腿"一起走路。任正非相信华为成功的关键在于其"以客户为中心"的价值观。"以客户为中心"并非华为的独特创造，而是全世界通用的商业价值观。早在 21 世纪初，华为内部就在任正非的带领下展开了一场大讨论，讨论的共识是：华为要高举"以客户为中心"的旗帜。在之后形成的华为四大战略内容中，第一条就是：为客户服务是华为存在的唯一理由；客户需求是华为发展的原动力。在 2010 年的一次会议上，任正非进一步指出："在华为，坚决提拔那些眼睛盯着客户、屁股对着老板的员工；坚决淘汰那些眼睛盯着老板、屁股对着客户的干部。"

创新是华为迅速成长的另一个重要元素。从一开始，华为在研发方面就有可观的投入，严格遵循将每年收益的 10% 以上用于研发投入的政策。在早期，华为就拥有 500 名研发雇员，却仅有 200 名生产雇员。为了从顶级院校吸引到最好的人才，华为开发了一个全国招聘系统，研发人员的薪水高得出奇。在华为公司，大约 50% 的雇员在研发部门，其中又有大约 60% 的研发员工拥有硕士或博士学位。在近十年里，华为投入的研发费用累计超过 7 200 亿元。2018 年，华为的研发费用达到了 1 000 亿元，排在全球第四。2019 年，华为的研发费用进一步增加到 1 317 亿元，占全年销售收入的 15.3%。通过高额的研发投入和高质量的研发人员，华为领导了整个行业的创新。事实上，早在 2009 年 1 月，华为就已成为世界上专利申请量第一的公司，也成为第一家登上联合国世界知识产权组织（WIPO）名单榜首的中国企业。2019 年 5 月，华为 5G 专利数量高居全球第一，占全球总量的15%。截至2020年年底，华为在全球共持有超过10万项有效专利，其中90%是发明专利。

  如今，华为公司已经成为中国的骄傲。在竞争异常激烈、残酷乃至血腥的全球电信设备制造业和智能手机行业，阿尔卡特-朗讯、诺基亚、摩托罗拉、黑莓、HTC等曾经的全球巨头的衰落与华为的崛起壮大无不印证着，谁能坚持营销与创新两条"腿"一起走路，谁就是赢家。

市场细分和目标市场选择：
寻找市场机会的金钥匙

在"大众创业、万众创新"的今天，创业已成为许多人心中的梦想。然而，初创小公司是无法和大公司正面打仗的，因此寻找创业机会最重要的一个关键词就是——市场细分。可以说，市场细分是寻找市场机会的金钥匙。

1. 为什么要进行市场细分？

市场细分源于一个简单的事实：人和人是不同的。没有任何公司的任何一种产品可以满足市场上所有人的需求。这就给了很多初创企业全新的市场机会。

举个例子，在当今中国的饮料市场上，农夫山泉、娃哈哈、王老吉、可口可乐、百事可乐等都是大公司，它们拥有很大的市场份额。然而，最近几年里，却有一个2016年刚刚创立的品牌如一匹黑马般出现在市场上，获得了不少消费者的热烈欢迎。这个品牌就是元气森林。那么，元气森林成功的秘密究竟是什么呢？其实很简单，在20年前甚至30年前的中国，几乎没有肥胖的问题，也根本不像现在有这么多人热爱健身、跑马拉松、去戈壁徒步、攀登雪山等。现在，中国经济已发展到人均GDP 1万美元以上，中国正处于一个追求健康的时代，很多中国人，特别是一、二线发达城市的年轻人最担心的问题之一就是肥胖：显然，肥胖会显得外形不佳，还会导致各种各样的不健康，更会影响每个人在社交和婚恋等领域的吸引力。元气森林的成功就在于它找准了一个全新的细分市场：关心身材、追求健康的年轻人。然后，元气森林针对这个目标市场推出了符合他们需求的饮料，其广告语"零糖、零脂、零卡"也在一、二线城市家喻户晓，从而成功地在饮料大市场中划出了一块属于自己的地盘，并迅速发展。2018—2020年，元气森林销售额增长得十分迅速，增幅分别为300%、200%和309%。2020年，元气森林实现年销售额29亿元。2021年，元气森林的年销售额猛增至73亿元，估值也高达150亿美元。当然，与年销售额469亿元的娃哈哈和年销售额240亿元的农夫山泉比，元气森林的规模还小很多。但是，这就是初创企业的成功之道。如果元气森林想在矿泉水这样一个大众市场里和娃哈哈、农夫山泉等大公司正面竞争，恐怕很难找到机会。

再以美国的汽车租赁市场为例。赫兹是美国市场排名第一的商务租车品牌，安飞士（Avis）是美国市场排名第二的商务租车品牌，它们分别成立于 1918 年和 1946 年。由于商务租车的主要顾客是因公出差的商务人士，他们对价格不太敏感，但是对服务和便利性要求比较高，于是这两大品牌通常都在美国各大机场占据最好的位置（例如，机场到达大厅出口的正对面）设立汽车租赁服务点，很多时候它们所提供的车就停在机场的停车楼里，顾客提车还车不但方便，而且节约时间。而在商务租车细分市场之外，则是个人和家庭细分市场。对个人和家庭细分市场来说，顾客是自己付钱而非公司报销，因此顾客对价格比较敏感，但是对服务和便利性要求比较低。于是，赫兹和安飞士分别有一个子品牌 Dollar（意为美元）和 Budget（意为预算）来服务旅游和家庭市场。从品牌名 Dollar 和 Budget 就可以知道，这针对的是希望节约钱的个人和家庭细分市场。于是，Dollar 租车和 Budget 租车都大打低价牌，不过其租车点通常都位于比较偏的地方，需要乘坐免费大巴 5~15 分钟才能抵达。

在商务租车市场已被赫兹和安飞士占领、个人/家庭租车市场也已被 Dollar 和 Budget 占领之后，美国的汽车租赁市场还有机会吗？答案是肯定的。不论是商务租车品牌赫兹和安飞士，还是个人/家庭租车品牌 Dollar 和 Budget，它们都是服务异地汽车租赁需求的，因此都把服务网点放在机场。正是在这种情况下，美国 Enterprise 汽车租赁公司选择了一个全新的细分市场——本地汽车租赁。本地人在什么时候会需要汽车租赁呢？Enterprise 的答案是：当消费者自己的车需要维修的时候。大多数人都有过自己的车出现故障或出车祸等导致需要维修的经历，一般维修都需要好几天或者一两周。而在美国大多数地方，由于家家户户都有车，公共交通不发达，当消费者自己的车需要维修时，就需要租赁汽车用于日常代步以便正常地工作和生活。因此，Enterprise 公司就把服务网点放在汽车 4S 店或修理店。不要小看本地汽车租赁的需求，1957 年成立的 Enterprise 汽车租赁公司经过几十年的发展，现在已成为北美最大的租车品牌，是不是感觉不可思议？

在（因出差或旅游）异地汽车租赁和（因维修）本地汽车租赁市场被占领之后，美国的汽车租赁市场还有机会吗？答案仍然是肯定的。不论是商务租车品牌赫兹和安飞士，个人/家庭租车品牌 Dollar 和 Budget，还是本地租车品牌 Enterprise，都是长时间租赁的，租赁时长至少是 24 个小时。然而，有一些消费者只需要短至几个小时的汽车租赁，例如需要约会的大学生情侣们。美国大学生一般都住在校园里或校园附近，如果大学生情侣需要约会几个小时，例如去吃一顿浪漫的晚餐或看一场电影，他们是不希望乘坐出租车的，毕竟，情侣们肯定不喜欢出租车司机这个"电灯泡"。而且，上述在机场或者汽车修理厂提供汽车租赁服务的品牌都无法满足他们的需求，不仅租赁时长不符合需求，服务网点也不符合需求。正是在这种情况下，美国 Zipcar 汽车租赁公司在 2000 年横空出世，主要在大学周边和市中心（市中心也有一些没有车的年轻人有同样的需求）提供服务，汽车租赁时长短至可以按小时计算，结果受到大学生和市区年轻人等顾客的热烈欢迎。

赫兹、安飞士、Dollar、Budget、Enterprise 和 Zipcar，这几家公司的物理产品都是相同的（汽车），但它们基于顾客的不同需求（商务租车、个人或家庭旅游租车、本地修车租车、本地短时租车）来提供不同的服务，从而成为各自细分市场的领先企业，这就是市场细分的力量。说市场细分是寻找全新市场机会的金钥匙，确实毫不夸张。同时，这些案例也再一次说明，营销应该聚焦于顾客需要，而非产品。

2. 如何进行市场细分？

市场细分这么重要，那么究竟该如何进行市场细分？接下来，我向大家介绍几种市场细分的具体方法。

（1）地理细分

地理细分是市场细分最自然的方法。由于语言和文化不同，国内市场和国外市场天然就有巨大的差异。全球最大的音乐电视网MTV就使用地理区域来进行细分，在不同的国家和地区有不同的独立国际频道和不同的内容。MTV在亚洲就拥有10个24小时播放的音乐电视频道，包括MTV中文（中国）频道、MTV东南亚频道、MTV印度频道、MTV韩国频道、MTV菲律宾频道、MTV印度尼西亚频道和MTV泰国频道等。

即使在同一个国家内，也需要地理细分。由于中国幅员广大，东北、华北、西北、华南、华中、华东、西南等不同地区的市场之间也有巨大的差异。以餐饮业为例。北京烤鸭在北京非常受欢迎，但到了广州的话，可能就不如顺德烧鹅受欢迎了。而在成都，烤鸭和烧鹅可能都无人问津了，因为当地最受欢迎的永远是火锅。

（2）人口细分

人口因素包括年龄、性别、收入、职业、教育、宗教信仰、种族、民族、家庭人口数、家庭生命周期等。这些因素都是常用的非常有效的市场细分方法。

以年龄为例。在洗发水市场，全球日化巨头宝洁公司占据了最大的市场份额。宝洁公司旗下有飘柔、潘婷、海飞丝等多个洗发水品牌。那么，对别的公司来说，还有市场机会吗？全球制药巨头强生公司就找到了一个全新的细分市场——婴幼儿市场。因为宝洁公司的飘柔、潘婷、海飞丝等品牌都是给成人用的洗发水产品，而不是给婴幼儿用的。于是强生公司就选择了婴幼儿这个细分市场作为目标市场，跨界推出了著名的强生"无泪配方"婴幼儿洗发水。之所以叫"无泪配方"，是因为很多父母在给小孩洗头发时发现小孩喜欢动来动去，洗发水泡沫容易进入眼睛引起哭闹，他们会觉得成人洗发水的化学成分可能对孩子的眼睛刺激性较大。所以，强生公司的"无泪配方"婴幼儿洗发水一经推出，就立刻获得了全球广大父母的热烈欢迎。强生公司也成为婴幼儿洗发水这个细分市场上的绝对领先者，在全球拥有非常大的市场份额。

再以家庭人口数为例。在汽车市场，通常的细分方式是根据收入把市场细分为经济型汽车与豪华汽车，或者根据车型把市场细分为轿车与 SUV（运动型多用途汽车）。然而，在每一个细分类别之下，其实还可以进一步细分，以便更好地满足部分消费者的需要。例如，2016 年，中国推出全面"二孩政策"。这就导致有相当一部分家庭总人口为 6 人：爸爸妈妈、两个孩子、爷爷奶奶（或外公外婆）。而大多数汽车只有 5 个座位，不符合 6 人家庭的乘车需求。于是，道奇酷威就在中国市场推出了大七座 SUV 并打出"加'两'不加价"的广告，强调与普通五座 SUV 相比，道奇酷威大七座 SUV 增加了两个舒适的第三排座椅，让全家出行、享受天伦之乐成为一种可能。2021 年，中国推出"三孩政策"，我们可以做出类似的推测，即部分家庭总人口数将为 7 人：爸爸妈妈、三个孩子、爷爷奶奶（或外公外婆）。因此，会有越来越多的家庭需要买七座车，七座车的市场需求将会增加。

类似地，家庭人口数也是房地产市场的重要细分因素，因为房地产商需要决定开发的住宅或公寓应该以什么户型为主。在独生子女时代，大多数家庭只需要两居室或者最多三居室就够了。但是，到了"二孩"或者"三孩"时代，就会有更多的家庭需要四居室甚至更多房间的户型了。

在人口因素里，收入、教育和职业这三个因素可以用来比较准确地判定一个人的社会阶层。然而，如果收入、教育和职业这三个因素只能选一个,哪个能最准确地判定一个人的社会阶层?正确答案是职业。因为,收入无法倒推出职业(一个人年收入100万元,你知道他的工作是什么吗),但是职业可能比较准确地推出收入(一个外科医生或者一个大学教授一年收入多少,相对来说比较容易推出)。教育也无法倒推出职业(你知道一个本科毕业生的工作是什么吗),但是职业可能比较准确地推出教育(一个外科医生,至少要求本科学历;一个大学教授,至少要求研究生学历)。

(3)**心理细分**

与地理和人口因素相比,心理因素是更高级的一种细分方法。心理因素包括生活方式、个性、购买动机、价值取向等。之前提到的元气森林就是按生活方式进行细分的——那些关心身材、追求健康生活方式的人就是元气森林的目标顾客。

再举个例子,巨人集团和五粮液公司曾经合作推出一款酒——黄金酒。黄金酒的广告语是"送长辈,黄金酒"。很显然,黄金酒是以购买动机来进行细分的。因此,黄金酒的目标顾客就是离开家乡去一、二线城市工作的年轻人,这些人每年春节回老家看望父母和其他长辈亲人时往往都需要带礼物。

（4）行为细分

与地理、人口因素相比，行为因素也是一种更高级的细分方法。毕竟，行为是态度的体现，因此行为细分往往非常准确。例如，2020年新冠疫情以来，自行车骑行再度流行起来。如果你是一家高级自行车的销售商，但没有太多广告预算，你该去哪里投放广告？或许，把广告传单放到共享单车的车篮子里会是一个比较精准的方法。事实上，这就是一种行为细分——骑共享单车的那些人平时经常骑车。因此，完全可以劝他们买一辆属于自己的高级自行车。

在了解了以上四种不同的市场细分方法之后，让我们一起做个市场细分的练习。假设你是一家运动鞋品牌商，现在有4个潜在顾客：一个20岁的男大学生，一个20岁的女大学生，一个40岁的中年男士（他的身份是企业高管），一个40岁的中年女士（她的身份也是企业高管）。如果需要把这4个潜在顾客细分为两个市场，请问你会怎么细分？按年龄细分，还是按性别细分？抑或是按职业细分？

我在清华大学的企业家课堂上问这个问题时，回答按年龄细分和按性别细分的学生都不少。通常，回答按年龄细分的同学会多一些，因为他们觉得按年龄细分还和按职业及收入细分恰好完全重合，这样更加准确。然而，每次在听完全班同学的回答之后，我都会告诉他们：不论是按年龄细分，按性别细分，还是按职业细分，都不太准确。

接下来，让我告诉大家这4个潜在顾客的额外信息：20岁的男大学生几乎每天运动（在学校操场上打篮球、踢足球、跑步等），20岁的女大学生几乎不运动（确实，她根本没有这个需要，因为她的身材处于人生中的最好阶段），40岁的中年男士也几乎不运动（尽管他已经开始超重，有了明显的大肚腩，但由于事业繁忙，他几乎每周都在全国各地出差，是个"空中飞人"，根本没空运动），40岁的中年女士则几乎每天运动（生了孩子之后，她的身材明显不如20多岁的时候，因此她现在非常重视运动，花很多钱办了健身卡，还请昂贵的私人教练，每天在健身房里练习瑜伽、游泳等，也经常做力量训练和跑步）。知道了这4位潜在顾客的额外信息，请问现在你会怎么进行市场细分？

当我在清华的企业家课堂上补充了这些信息时，所有的同学都改变了他们原来的回答，觉得应该把每天运动的20岁男大学生和40岁中年女士看作同一个细分市场的顾客，把几乎不运动的20岁女大学生和40岁中年男士看作另一个细分市场的顾客。由此可见，用行为进行市场细分比用人口进行市场细分更加准确。

事实上，知名运动品牌耐克的成功就与其用爱好和行为进行市场细分关系很大。1964年，斯坦福大学毕业生菲尔·奈特创立了耐克公司的前身蓝带体育公司（1972年推出耐克品牌，后来改名为耐克公司）。当时，德国的阿迪达斯公司已经是全球运动用品巨头，而蓝带体育公司仅仅是家初创企业。然而，由于菲尔·奈特自己曾经是个运动员，所以他对于运动员对运动鞋的需求理解得更深刻，并用行为细分开创了著名的金字塔市场细分模式：金字塔的塔尖是专业运动员，他们对运动鞋的需求最大，要求也最高，但专业运动员在人口中的比例很小；金字塔的中间是业余运动爱好者，他们对运动鞋的需求较大，要求也较高，而且他们的偏好会受到专业运动员的影响；金字塔的塔基是大众消费者，他们对运动鞋的需求不大，要求也不高，但这部分人数量最多。于是，耐克就专门制造运动鞋给专业运动员穿，并通过这些运动员来影响业余运动爱好者和大众消费者。耐克的营销策略很快获得了成功，到1980年，耐克击败了阿迪达斯，成为美国运动鞋市场上的领头羊。从一家初创企业到行业巨头，耐克只用了10多年的时间。直到今天，耐克仍然保持着全球运动鞋行业老大的地位。截至2022年11月25日，耐克的市值已经高达1 658亿美元。

（5）行业细分

如果是做 B2B 业务的企业，那么经常还可以用顾客所处的行业进行市场细分。很多提供解决方案的 IT（信息技术）公司如 IBM 会把客户分为金融行业、电信行业、教育行业、医疗行业、制造业、服务业等多个细分市场，并为不同的行业客户提供不同的 IT 解决方案。施工工程企业如中铁一局也会把客户按路桥交通、房地产、地铁等不同行业进行细分。

3. 如何选择目标市场？

企业在进行市场细分之后，可以选择一个或多个细分市场作为自己的目标市场。

例如，航空公司一般分为两种：传统全服务航空公司和廉价航空公司。对传统全服务航空公司而言，目标市场包括多种不同的乘客——富人、高层商务乘客（因公出差的大型企业高管，可以报销）、普通商务乘客（因公出差，可以报销）、经济型乘客（因私旅行的普通家庭或个人等，无法报销）等，航空公司会向这些乘客提供相应的不同舱位——头等舱、商务舱、超级经济舱、经济舱。而对廉价航空公司而言，目标市场只有一种乘客——经济型乘客，它们也相应地只提供一种舱位——经济舱。

在全球航空业，美国西南航空公司被誉为行业标杆。西南航空公司总部位于美国得克萨斯州达拉斯，尽管只运营美国国内航线，但西南航空在载客量上却是美国排名第一和全球居于前列的航空公司，在美国市场，它的通航城市最多。与美国国内其他竞争对手相比，西南航空以"打折航线"闻名，是全球廉价航空公司的鼻祖。

然而在1973年，西南航空还只是美国市场上一家微不足道的小公司。西南航空为自己选择的目标市场是经济型乘客，这样西南航空就明智地避开了与美国各大航空公司的正面交锋，而另辟蹊径地占领美国各大航空公司不屑争取但是潜力巨大的低价市场。

由于西南航空聚焦于经济型乘客，提供的价格远远低于竞争对手。而西南航空能够做到这一点，则是由于低成本和高效率的运营：西南航空的飞机上只有经济舱座位，只有波音737一种机型以节约维修、培训和人力成本（单一机型为驾驶员随时接机飞行提供了方便），飞机上不提供餐食，飞机大幅提高运营效率，等等。例如，为了节约时间，西南航空的机票不用对号入座，乘客们像在公共汽车上那样就近坐下，这样登机速度很快。这一切做法都是为了降低成本和提高效率，毕竟效率对于航空公司非常重要——飞机只有在天上飞时才能赚钱。事实确实如此，西南航空每架飞机平均每天在空中飞行的时间是美国各航空公司中最长的。总而言之，西南航空千方百计降低成本，最后的结果是它的机票价格可以同长途大巴的价格竞争，从而获得了经济型乘客的忠诚度。

与美国各大传统全服务航空公司的主要航线都是枢纽机场不同，西南航空在航线的选择上也避开美国各大航空公司，主要运营美国的二线机场，实施的是点对点直飞航线网络。相比之下，如果在美国二线城市之间飞行，美国各大传统航空公司没有任何优势，不但价格高，还需要去枢纽机场转机，导致时间更长。西南航空由于全部直飞，没有经停点和联程点，从而减少了航班延误和整个旅行时间。在这些二线机场，飞机的过站时间也比一线机场少很多，相当于提高了飞机利用率。并且，西南航空的班次非常密集。一般情况下，如果你错过了西南航空的某一趟班机，你完全可以在一个小时后乘坐它的下一趟班机。这样高频率的飞行班次方便了每天都要穿行于美国各城市的上班族，更重要的是，在此基础上的单位成本的降低才是西南航空所追求的。

经过几十年的迅速扩张和发展，西南航空这家廉价航空公司最后竟然发展成为美国国内最大的航空公司。2001年"9·11"事件后，几乎所有的美国航空公司都陷入了困境，西南航空却是唯一的例外。2005 年，运力过剩和史无前例的燃油价格让美国整个航空行业共亏损 100 亿美元，达美航空和美国西北航空都申请了破产保护，西南航空公司却仍然保持盈利。从 1973 年到新冠疫情之前的 2019 年，西南航空保持每年盈利，是美国民航业唯一能够连续 46 年保持盈利的公司，创造了美国民航业的纪录。

市场定位：
如何在竞争中脱颖而出？

当选择了一个或多个细分市场作为自己的目标市场之后，企业总会在目标市场上发现其他竞争对手。这时，企业面临的最大挑战就是如何让自己的品牌在竞争中脱颖而出，而它最重要的一个关键词就是定位。可以说，定位是企业进行市场竞争的利器。

1. 什么是定位？

所谓定位，就是品牌在目标顾客心智感知中所处的位置。定位是由艾·里斯和杰克·特劳特在 1972 年共同提出的，其含义是企业根据竞争品牌在市场上所处的位置，塑造自己品牌与众不同的形象，并将这种品牌形象生动地传递给顾客。

由此可见，定位的核心是差异化。定位究竟有多重要？我们不妨一起来看看王老吉凉茶的成功秘密，这个案例被视为中国最成功的定位案例之一。凉茶是起源于广东的中国传统饮品，可以缓解在酷热、潮湿的华南地区生活的人们的不适感。而王老吉是广东地区著名的凉茶品牌，已有180多年历史。1995年，30多岁的陈鸿道创立了加多宝集团，并获得罐装王老吉的20年国内经销许可，于是陈鸿道在他的出生地广东省东莞市推出了第一款罐装饮品王老吉凉茶。然而，由于可口可乐、百事可乐和娃哈哈等竞争对手饮料品牌的强势地位，一直到2002年，王老吉凉茶仍然只是广东和部分华南省份的区域性饮料品牌，销售额仅为1.8亿元。

当时，王老吉的广告语是"健康家庭，永远相伴"。这样的品牌定位非常模糊，王老吉凉茶和其他饮料的主要差别究竟是什么，消费者并不清楚，因此王老吉凉茶很难在消费者心中占据一席之地。2003年，加多宝公司花了500万元请一家定位咨询公司做咨询，最后获得了一个非常独特的定位——"怕上火，喝王老吉"。

500万元才买了"怕上火"这三个字？然而，这三个字后来证明其价值远远不止500万元。"上火"是一个被中国人广为接受的传统中医概念。例如，大多数人觉得在熬夜之后会上火，吃火锅等辛辣的食物会上火，或者到了秋季和冬季因为空气干燥也会上火……因此，"怕上火，喝王老吉"这个定位帮助王老吉凉茶在成百上千个饮料品牌中脱颖而出，在消费者心中成为败火饮料的第一联想品牌，也促使王老吉凉茶的销售额呈现爆炸式增长：2003年，王老吉凉茶年销售额达到6亿元；2006年，王老吉凉茶年销售额超过30亿元；2008年，王老吉凉茶年销售额突破100亿元，超越可口可乐和百事可乐旗下的任何一个单一饮料品牌，坐上当时国内饮料市场单一品牌销售额的头把交椅。

2. 如何进行定位？

由此可见，准确的定位确实有助于企业占据顾客心智和获得市场份额，在竞争中脱颖而出。那么，市场定位有哪些具体的方法呢？接下来，我就为大家一一介绍。

（1）价格和质量

通常来说，价格和质量是正相关的。在同一个市场上，有些品牌选择高价高质的定位,有些品牌则选择低价低质的定位。例如,在美国现煮咖啡市场上,一杯星巴克咖啡大约需要5美元,而一杯麦当劳咖啡则只需要1美元。两者4倍的价格差异自然就会给消费者不同的质量感知。因此,大多数商务人士会选择在星巴克进行商务会谈,而不会选择去麦当劳。

在中国的矿泉水市场上,一瓶农夫山泉只需要1~2元,而一瓶依云矿泉水则需要10~20元。两者10倍左右的价格差异自然也会给消费者不同的质量感知。因此,商务人士经常见面进行商务会谈的五星级酒店的大堂水吧,通常只会销售依云矿泉水,而不会销售农夫山泉。

(2) 属性

在同一价格档次上,经常会有许多品牌进行竞争。这时,企业可以利用属性进行差异化定位。以豪华汽车市场为例。宝马、奔驰都是豪华汽车,给人的感知却非常不同。宝马的定位是"驾驶乐趣",奔驰的定位则是"高端商务"。在中国消费者的口碑中,经常有"开宝马,坐奔驰"这样的说法,这就说明宝马和奔驰的定位在中国消费者的心中形成了明显的差异:宝马是成功人士喜欢自己开的车,而奔驰则是成功人士坐的车,通常需要有一个司机开车。与宝马、奔驰等不同,另一个著名的豪华汽车品牌路虎的定位则是"越野"。在我国东北、西北等地，由于消费者对越野有较大的需求，因此定位于"越野"的路虎就获得了消费者的青睐。

再以中国的智能手机市场为例。三星手机的中国区高管曾到我的办公室进行咨询，希望了解近几年三星手机在中国销量不佳的原因。确实，作为全球市场份额第一的智能手机品牌，三星手机近年来在中国的市场表现却相当差。当时，我对三星手机的高管说："三星手机的定位不够清晰。你们广告做了很多，但三星手机到底代表什么，消费者却不清楚。"对方回问道："难道其他手机品牌都有清楚的定位吗？"我说："当然。"

于是，我为他们仔细分析了中国市场上其他智能手机品牌的定位。第一，苹果手机的定位是什么？苹果公司 CEO 蒂姆·库克在发布 iPhone 6 大屏幕手机时，用了一句这样的广告语——"Bigger than bigger"（字面意思为"比'更大'还要大"）。中国网友把这句广告语翻译为"比逼格还有逼格"，非常传神。确实，苹果手机的定位就是"逼格"，也就是有面子。第二、华为手机的定位是什么？为什么华为创始人任正非的女儿孟晚舟被扣留在加拿大会引起全国人民的关注，她回国也受到了全国人民的欢迎？因为华为是中国极少数能够在全球获得大量市场份额的品牌，华为早已成为中国人心中的民族骄傲。很显然，华为手机的定位是"爱国"。第三，小米手机的定位是什么？和华为手机同为国产，小米手机的定位却并非"爱国"。雷军在发布小米手机时说："做全球最好的手机，只卖一半的价钱，让每个人都买得起。"很显然，小米手机的定位是"性价比"。第四，OPPO 手机的定位是什么？OPPO 手机的广告这么说："前后 2 000 万，拍照更清晰。"由此可见，OPPO 手机的定位是"拍照"……分析了三星手机在中国市场的主要竞争品牌的定位之后，我问三星公司的高管："请问三星手机代表什么？能不能用一个词说出来？"结果，他们无法回答。

（3）利益

在同一价格档次上，企业可以利用利益进行不同品牌的差异化定位。例如，在中国洗发水市场上，比较知名的有飘柔、潘婷、海飞丝等品牌。这些品牌尽管同隶属宝洁公司，价格档次也都差不多，但给消费者带来的利益有明显不同：飘柔的定位是（让头发）"柔顺"，潘婷的定位是"滋养"（头发），而海飞丝的定位则是"去（头）屑"。全球第二大日化用品公司联合利华后来推出的夏士莲黑芝麻洗发水的定位也是利益——黑发。中国人都是黑头发，但年纪大了之后头发就会开始变白，黑发是中国消费者非常关注的一个利益。所以，联合利华的夏士莲黑芝麻洗发水后来在中国市场上也获得了很大的成功。

（4）市场地位

除了价格/质量、属性、利益等，企业还可以用品牌的市场地位进行定位。在中国，很多市场领导者都喜欢这样进行定位。例如，香飘飘奶茶的定位是"中国奶茶第一股，累计卖出130亿杯，杯子连起来可绕地球40圈"。类似地，乌江榨菜的定位是"全球热销150亿包"。这样的定位就是用品牌的市场领导者地位使消费者产生信任，这样他们会更容易购买该品牌的产品。

除了市场领导者可以用其市场地位进行定位，非市场领导者的品牌也可以用竞争对手进行定位。例如，在美国商务汽车租赁市场上，赫兹是市场老大，而安飞士一直屈居第二。后来，安飞士就推出这样的定位："我们是第二名，所以我们更努力！"（Avis is only No. 2. We try harder!）结果，这一定位获得了很多消费者的喜欢和支持，因为很多消费者都会这么想：市场老大容易欺行霸市，而老二更努力，那一定价格更好、服务更真诚。无独有偶，在中国白酒市场，茅台和五粮液一直都是前两名，而剑南春就推出这样的定位——"剑南春，中国名酒销售前三"。这样的竞争定位，很明显提高了剑南春的知名度。

类似的例子还有郎酒。郎酒近年来推出了这样的定位——"青花郎，中国两大酱香白酒之一"。中国消费者都知道茅台是中国酱香白酒老大，郎酒通过这样的竞争定位，很明显提高了自身的知名度和档次。

3. 可信度：令人相信的理由

请记住，所有的定位方法都有一个前提，那就是定位要有可信度（也叫信任状）。如果一个品牌并不是市场领导者，却要宣传自己是"某行业领导者"，那就没有任何可信度了。同样，如果一个汽车品牌宣传自己非常安全，却没有任何证据支撑，那么这种宣传也没有可信度。

以中国各省的旅游广告为例。很多省份的定位并不成功，原因就是没有差异化。江西省的定位语是"江西风景独好"，青海省的定位语是"大美青海"，陕西省的定位语是"大美陕西"……很多省份的定位语都在宣传"风景美"，显然缺乏差异性——中国哪个省都有美丽的风景，只说风景美丽，很难实现差异化。山东省的定位语"文化圣地"则比较成功，原因就在于其成功进行了差异化（不说风景美丽，而说文化圣地），而且非常有可信度：山东是孔孟的故乡，孔孟之道的思想影响了中国两千多年。在山东面前，即便是五朝古都的北京都不敢说自己有文化，毕竟，北京只有800多年的建都史（主要是元、明、清），而缺乏对中国数千年的影响。更不用说新兴发达城市较多的省份或福建、海南、贵州等历史上的边缘之地，如果和山东比历史文化，它们确实没有可比性。

再以迪拜为例来说明一下定位在城市营销中的应用。迪拜是一个世界闻名的旅游城市，在新冠疫情之前，迪拜国际机场的客流量名列全球第三，仅次于美国亚特兰大国际机场和中国北京首都国际机场。然而，和亚特兰大代表的美国以及北京代表的中国都是经济和人口大国不同，迪拜代表的阿联酋只是一个人口1 000多万的小国家。那么，迪拜是如何超越法国巴黎、英国伦敦、日本东京等著名国家的著名城市，建起了全球客流量最大的机场之一，成为最受欢迎的旅游胜地之一的呢？可以说，这和迪拜的成功定位分不开。在许多人的心目中，迪拜有一个独特的定位，那就是"奢侈"（或"土豪"），而且非常有可信度：迪拜有全球高度第一的建筑物哈利法塔（也叫迪拜塔），全球最奢侈的度假酒店——七星级的阿拉伯卓美亚酒店（也叫帆船酒店），以及全球最奢侈的人工度假岛——棕榈岛。2020年上半年，我因为疫情在迪拜滞留了半年，在阿联酋到处游玩之后，才发现迪拜的邻居阿布扎比（阿联酋首都）其实比迪拜有钱多了,这从一个细节就能看出来:迪拜的公路旁没有树木,而阿布扎比的公路旁则是茂密的树木——迪拜和阿布扎比都是沙漠里的城市,要知道在沙漠里养一棵树都是非常昂贵的。但是对全世界大多数游客来说,阿布扎比因为缺乏成功的定位,反而不如迪拜知名。由此可见,迪拜的定位确实非常成功。

4. 政府和非营利机构也需要定位

定位的应用非常广泛,而且并非只有企业才需要进行差异化定位,很多非营利机构甚至国家也需要进行差异化定位。

以清华大学和北京大学为例。这两所大学都是中国的顶尖大学,但是,清华和北大在大多数人心中的感知是不同的:清华的工科非常强,北大的文科非常强。清华和北大的文化也非常不同:清华的校训是"自强不息,厚德载物",北大的文化则是"思想自由,兼容并包"。

哈佛大学和斯坦福大学都是美国的顶尖大学,但是,这两所大学在大多数人心中的感知也是不同的:位于美国东海岸波士顿的哈佛大学历史悠久,在政治、法律等文科领域非常强,临近美国西海岸硅谷的斯坦福大学在创新、创业等领域非常强。

哈佛和斯坦福的文化也非常不同：哈佛的校训是"真理"，斯坦福的校训则是"让自由之风劲吹"。

最后，再以国家为例。美国、英国、法国、德国都是发达国家，但定位非常不同：美国的定位是"自由和创新"，英国的定位是"皇家和传统"，法国的定位是"浪漫"，德国的定位则是"严谨"。也正因如此，在历年的 Interbrand 全球品牌百强里，美国的品牌主要是苹果、微软、亚马逊、Facebook、特斯拉等创新品牌，英国的品牌主要是路虎等皇家品牌，法国的品牌主要是路易威登、爱马仕、香奈儿、迪奥等充满浪漫气息的奢侈品和化妆品品牌，德国的品牌主要是宝马、奔驰、奥迪、保时捷等豪华汽车品牌（需要非常严谨的工艺）。而作为世界上最大的发展中国家，中国的定位则是"制造大国"，全球人民的日常生活用品都离不开中国这个"世界工厂"。

打造品牌：
如何让你的品牌深入人心？

很多人说，品牌是营销的高级阶段，最成功的营销是打造出深入人心的品牌。一位杰出的营销者曾经说："产品是工厂制造出来的，品牌却是由顾客带来的。竞争者可以复制产品，却不能复制品牌。一个产品可能会很快过时，一个成功的品牌却会经久不衰。"

如今，品牌已经成为企业和顾客建立关系的象征。在我和全球营销大师、美国哥伦比亚大学商学院教授诺埃尔·凯普联合写的书《写给中国经理人的市场营销学》里，我们将品牌定义为："顾客对某个产品、服务或企业所持有的感知和联想的集合。品牌给顾客创造了一种意义，这种意义代表顾客与品牌接触时能够获得期望体验的承诺。"由此可见，首先，任何品牌的主要内涵都存在于顾客的意识之中。伟大的品牌其实是属于顾客而不是企业的。其次，品牌对顾客体验做出了承诺。因此，企业要尽力去兑现承诺。

那么，企业究竟如何才能打造深入人心的品牌？

1. 设计品牌名称和标识系统

这是打造品牌的第一步。在英国，中世纪的金匠和银匠会在自己的产品上做标记。古代中国也有铁匠把自己的剑命名为"龙泉"。事实上，品牌的英文单词 brand 也有烙印的意思，因为用来做标记的烙铁是牧场主的必需工具，如果一个牧场主养的牛因高品质而出名,该品牌在市场上就会获得更高的价格。因此品牌的传统定义是:"品牌是一个名称、术语、符号、象征或设计(字母、数字或记号),或者是它们的组合,用来识别某个或某些营销者的商品或服务,使之区别于竞争对手。"对消费者而言,品牌已经成为日常生活的一部分,它们的标识、名称、包装设计、符号和商标,出现在我们衣食住行的每一个角落。企业一定要花时间去好好设计品牌名称和标识等。

虽然品牌名称是最常被用来使用的代号,但是其他代号可能也很重要(甚至更重要)。以颜色为例。我们经常将红色与可口可乐、蓝色与百事可乐(还有IBM)、黄色与美团外卖、粉色与维多利亚的秘密内衣联系在一起……在王老吉凉茶分家时,红色罐子甚至成为加多宝和广药集团争抢的包装颜色。与此类似,苹果公司那被咬了一口的苹果、耐克运动鞋那醒目的斜钩、奔驰汽车的三个尖头,都非常好认。

2. 建立品牌联想

现在,品牌的意义已经远远超出了外在的标识符号。因此,除了设计好品牌的名称和标识等,更重要的是企业应该努力建立品牌联想,实现企业品牌愿景和顾客感知的品牌形象的统一。

企业建立品牌联想的第一步就是要有一个清晰的品牌定位语，并通过多种传播形式来传播品牌定位语。以农夫山泉品牌的打造为例。1996年9月，钟睒睒创办了农夫山泉。1997年4月，第一座工厂开工生产，农夫山泉就推出了"农夫山泉有点甜"这句现已家喻户晓的广告语。1997—2003年，农夫山泉相继在国家一级水资源保护区千岛湖、吉林长白山矿泉水保护区、湖北丹江口建成现代化的饮用水工厂。2003年9月，农夫山泉瓶装饮用天然水被国家质检总局（现国家市场监督管理总局）评为"中国名牌产品"。2006年10月，国家工商行政管理总局商标局（现国家知识产权局商标局）认定"农夫山泉"为中国驰名商标。

农夫山泉坚持在水源地建厂，每一瓶农夫山泉都清晰标注了水源地，其另外一句广告语"我们不生产水，我们只是大自然的搬运工"同样家喻户晓。根据弗若斯特沙利文报告，2012—2019年，农夫山泉连续八年保持中国包装饮用水市场占有率第一。2020年9月，农夫山泉在香港证券交易所上市，IPO首日市值高达4 453亿港元，农夫山泉的创始人钟睒睒也因此超过马云和马化腾而成为中国新首富。在2022年《福布斯》世界富豪榜上，钟睒睒以657亿美元的身家稳坐中国首富宝座，世界排名第17。

第三章 市场战略
市场细分、目标市场选择和市场定位

除了传统广告，企业还可以通过其他沟通形式来建立和强化品牌愿景，例如宣传册、网站、电子邮件、企业高管的演讲或采访等活动、产品或包装、促销、公共宣传和公共关系、实体建筑、办公用品、电话互动，以及社交媒体等数字营销带来的众多新选择。企业创始人和CEO也可以成为企业的"脸面"，给企业的品牌带来巨大影响。以著名的维珍航空公司为例。维珍的品牌联想是风趣的、嬉皮的、玩世不恭的、挑战权威的，这离不开维珍航空公司总裁理查德·布兰森的努力。他是英国最具有传奇色彩的亿万富翁，以特立独行著称，曾驾驶热气球飞越大西洋和太平洋。2021年7月，理查德·布兰森更是成为全球第一个飞上太空的普通人。可以说，理查德·布兰森的个人活动有力地支持了维珍的品牌联想。

再以特斯拉公司为例，特斯拉的品牌联想是高科技、环保、创新、前瞻。特斯拉CEO埃隆·马斯克被称为"钢铁侠"，他旗下的公司除了特斯拉电动汽车公司，还有太空探索技术公司（SpaceX）、光伏发电企业太阳城公司（SolarCity）、维珍超级高铁公司（Virgin Hyperloop）等。其中，特斯拉电动汽车和SpaceX最为成功。特斯拉目前已成为全球最畅销的电动汽车品牌，而SpaceX是全球屈指可数的商用火箭和商用太空飞船发射机构之一，并且掌握了发射后的回收技术。网友们甚至说，世界上掌握了航天器发射回收技术的只有四个：美国、俄罗斯、中国，还有埃隆·马斯克。可以说，马斯克对太空的探索有力地支撑了特斯拉的品牌联想。

3. 坚持品牌承诺

企业坚持品牌承诺非常重要。举个例子，美国包括 Costco、亚马逊等在内的很多零售企业都有无理由退货的品牌承诺。我曾经在美国留学和工作了 8 年，其间确实感受到了这些品牌对其品牌承诺的坚持。我之前和大家分享过美国消费者在 Costco 可以退已经切开、尝一口觉得不甜的大西瓜，这里再分享一段我在亚马逊的亲身经历。

2000 年，我刚到美国留学不久，决定买一台洗碗机，这样我就不用洗碗了。当时，我在亚马逊网站上搜索，最后决定购买某个品牌的洗碗机。当这台洗碗机被送到我家时，我兴高采烈地按照使用说明书开始安装。然而，我似乎运气不太好，这台新的洗碗机安装好之后无法正常工作。于是，我立刻打电话给亚马逊，希望能够退货并换一台新的。

几天之后，亚马逊派联邦快递的快递员来我家取走了这台有故障的洗碗机，同时送来了一台新的。然而，在按照使用说明书安装之后，我发现这台新送来的洗碗机也无法正常工作。

怎么办？我想再一次打电话给亚马逊，却担心亚马逊的客服不会相信我，以为我故意找碴儿——怎么可能两台洗碗机都有故障呢？然而，如果不打电话给亚马逊，我个人就会蒙受损失。尽管这台洗碗机的箱子里也有制造商的免费保修电话，但如果是由制造商来修的话，那我将得到的就只是一台修好的洗碗机，而不是一台新的。

于是，在思考了一番之后，我仍然决定给亚马逊打电话。没想到，亚马逊客服在听到我说第二台洗碗机也有故障之后，二话没说就同意给我退货并再发一台新的洗碗机过来。几天之后，亚马逊派快递员来我家取走了第二台有故障的洗碗机，同时送来了一台新的。这次送的新洗碗机终于可以正常工作了。

那次在亚马逊的购物经历给我留下了极深的印象。那台洗碗机包邮的售价一共只有150美元，而我退了两次货，亚马逊发了三次货。由于洗碗机很重，联邦快递公司的快递费很贵，可以说在那次交易中亚马逊肯定是亏钱的。然而，亚马逊坚持其品牌承诺，我后来也因此成了它的忠实顾客。正是由于有千千万万的忠诚消费者，亚马逊后来成为全世界最大的电子商务网站。截至2022年8月19日，亚马逊的市值高达1.4万亿美元，其创始人杰夫·贝佐斯也多次成为世界首富。

要注意的是，品牌形象的形成要花很长时间，品牌形象的坠落却可以发生在一夜之间。企业如果无法坚持品牌承诺，就会给品牌带来灾难。在中国市场，三株口服液、三鹿奶粉、乐视、小黄车 ofo 等都是类似的例子。这些品牌都曾经家喻户晓，然而当产品质量出问题或者无法坚持服务承诺时，它们立刻就成了无人相信的笑话。

此外，值得一提的是，许多人认为品牌只是用于 B2C 营销的，事实并非如此。品牌在 B2B 市场上也非常重要，例如联邦快递、卡特彼勒、杜邦、通用电气、IBM、英特尔、微软、甲骨文、施乐、波音、空客等品牌都是 B2B 品牌。要注意的是，打造 B2C 品牌和 B2B 品牌往往需要使用不同的方法：B2C 企业侧重品牌联想，B2B 企业则侧重与顾客建立关系并取得其信任。B2B 企业希望客户将它们看成有经验、无风险、值得信赖的供应商。很多时候，品牌比技术更重要——确实，一个优秀的品牌比许多技术变革更加经得起考验。

4. 如何打造个人品牌？

和企业品牌的打造一样，个人品牌的打造其实也遵循上述三项原则。

第一，品牌是企业或产品的名称、质量、包装、价格、历史、信誉、特性的总和。类似地，个人品牌是个人姓名、能力、仪容仪表、财富、学历、职业、信誉、特性等的总和。以仪容仪表为例。首先，每个人都要穿着得体。男性在正式的工作场合就不适合穿着太随便，例如穿短裤、拖鞋等；女性在正式的工作场合则不适合穿露脐装、露背装等。一般来说，在工作场合都要穿商务服装，可以分为商务正式服装和商务休闲服装两种。有些行业例如金融业、咨询业、律师行业等要求穿着非常正式，还有些行业要求穿工作服，例如警察、军人、保安、空中乘务员和高铁乘务员等。其次，每个人都要重视服装之外的仪容仪表，包括个人卫生，避免口臭、牙齿上有异物、身上有异味等。例如，下午要开会，那么中午你要尽量避免吃韭菜、大蒜、大葱等有刺激性气味的食物。如果是商务饭局，则应该避免吃起来不太雅观的食物，例如螃蟹、小龙虾等。

第二，进行个人品牌的定位。所谓定位，就是你和别人究竟有什么区别，别人想到你名字时的第一联想是什么。每个人都要好好寻找自己的定位。如果你的工作是在汽车 4S 店里卖车，你的定位就可以是汽车销售专家，这样身边的朋友都会在想买车时第一时间想到你、咨询你；如果你的工作是在商场里卖奢侈品，你的定位就可以是奢侈品专家，这样身边的朋友在想买奢侈品时就会第一时间想到你、咨询你；如果你的工作是一名小学老师，你的定位就可以是一个儿童培养专家，这样身边的朋友在孩子上学遇到问题时就会第一时间想到你、咨询你；如果你是个热爱运动的人，你就可以把自己定位为运动达人，朋友们有任何运动问题就都会咨询你；如果你是个"吃货""玩货"，你就可以把自己定位为吃喝玩乐的专家，这样身边的朋友在吃喝玩乐方面遇到问题时就会第一时间想到你、咨询你……总而言之，每个人都要争取找到自己的定位。当然，定位的可信度原则也一定要坚持。千万不要自我标榜为某个领域的专家，却根本没有可信度。例如，如果你标榜自己是健身达人，却大腹便便，俯卧撑做不了几个，那就没有可信度。又如，如果你标榜自己是烹饪专家，却做不了几个菜，那就没有可信度。所以，在定位自己的个人品牌时，要尽量和自己的能力吻合，并且要在所定位的领域付出超乎常人的努力。很多人都听过"一万小时"定律，要成为某个领域的专家，至少需要10 000个小时的练习。如果你每天花8个小时在你的领域工作，以每周工作5天来计算，那就至少需要5年。而这仅仅是最低要求。

第三，和企业要坚持品牌承诺一样，个人品牌的打造也要做到坚持品牌承诺，做到言出必行。我们每个人都要和其他人打交道，所以我们能否向别人展示出一个好的个人品牌，很大程度上取决于我们能否兑现平时做出的承诺。如果一个人能够做到言出必行，那么他的个人品牌一定会获得其他人的认可。

举一件我自己亲身经历的事情为例。2021年夏，我应邀去杭州给企业家们上课。那一天是星期六，而我在前一天在北京给宝马公司的高管讲课。所以，当时我订的航班是晚上9点从北京大兴机场飞杭州的，这样可以确保我在星期五下午5点下课之后的交通高峰期，有充分的时间赶去北京大兴机场。我准时赶到了北京大兴机场，却没想到遇到了航班延误。当时，由于杭州地区有雷雨，航班多次延误，起飞时间一推再推，谁都不知道具体什么时候才能起飞，这导致主办方那天晚上非常紧张，一直和我发微信沟通，担心如果航班延误太久，我第二天或许不能如期上课。我知道，如果我不讲课的话，已经到达杭州的几十位企业家学生就没有课听了，而这将给主办方带来极大的麻烦，主办方的信誉也将因此受到损害。所以，我当时告诉主办方，只要飞机能够起飞，不管延误到多晚，第二天我都会如期给企业家们上课。后来，这班飞机一直延误到凌晨5点半才起飞，早上7点半才抵达杭州机场。最后，我到达酒店时已经是上午9点。尽管由于航班延误，我一夜没睡觉，但是我仍然抓紧时间吃早餐、洗澡并穿上正式的商务服装，最后在上午10点准时开始了一天的课程。当我走进教室时，企业家学生们全体起立，教室里响起了热烈的掌声。上课前一天，我一夜未眠，确实非常累，但是我做到了言出必行。而这就是我给每一个学生的承诺。

如果你希望在你的朋友或者客户心目中成功打造自己的个人品牌，你也要做到言出必行。很多个人品牌的崩塌，都是由于无法兑现承诺导致的。最简单的例子：如果一个亲戚或者朋友向你借钱，并承诺很快还钱，最后却无法兑现承诺，并且开始躲着你，下次你还愿意借钱给他吗？要知道，做一个靠谱的人是打造个人品牌的必要条件。

如何吸引顾客？为顾客创造价值

在本书的开始，我说到美国市场营销协会对营销的定义是"识别、创造、沟通和交付顾客价值"。那么，究竟什么是顾客价值？顾客价值可以用下面的一个公式来简单描述：

顾客价值 = 产品或服务提供给顾客的利益 ÷ 价格

由此可见，要想获得顾客价值，企业至少有三种方法：（1）提高产品的质量；（2）提高服务的质量；（3）提供更低的价格。下面我们就来详细讨论每一种方法和相应的案例。

1. 提高产品的质量

如果一家企业能比行业里的大多数竞争对手提供更高质量的产品给顾客，那么顾客就会因为该企业所提供的更高价值而选择购买它的产品。苹果公司就是这样的一个典型案例。在1997年乔布斯回归苹果公司之后，苹果公司在他的带领之下一直以高质量的产品在竞争中获胜。第一个重磅产品是2001年推出的iPod便携式音乐播放器。尽管当时市场上已有众多便携式音乐播放器，但它们的质量都比较一般——存储空间太小，设计不够美观，交互界面不够简洁，等等。乔布斯于是看到了一个大机会，他决定让苹果公司进军便携式音乐播放器市场。在整个开发过程中，乔布斯一直要求坚持"简洁"的原则，也经常把团队设计的复杂模型打回去重新设计。

最后，一个符合乔布斯要求的iPod终于设计出来了：可以存储1 000首歌曲［当时市场上很多MP3（音乐播放器）只能存储几十首歌曲］，没有开关键（一段时间不操作后自动进入休眠状态，触碰任意键后自动醒来），用于进行歌曲的浏览和选择的滚动式转盘，纯白色的外壳、耳机和耳机线（当时市场上的 MP3、耳机和耳机线都是黑色的）。而苹果公司为 iPod 设计的广告也非常简单：一个人边听 iPod 边跳舞的剪影，白色的耳机线随之舞动，旁边加上一句"把 1 000 首歌装进口袋"的广告语。2001 年 10 月，乔布斯在他那标志性的产品发布会上发布了 iPod，它立刻受到了用户的热烈欢迎。在之后的几年里，苹果公司接连发布了 iPod mini、iPod Shuffle 等各种更轻、更小版本的 iPod，从而逐渐击败了竞争对手的各种小体积闪存 MP3，iPod 在便携式 MP3 市场占据的份额达到 70%。到 2007 年 1 月，iPod 的销售收入占苹果总收入的一半。也正是因为 iPod 的成功，苹果公司终于起死回生并再次创造辉煌。

再以苹果公司于 2008 年推出的笔记本电脑 MacBook Air 为例。笔记本电脑市场竞争激烈，当时惠普、戴尔、联想 ThinkPad（思考本）等都是全球领先的品牌。面临在电脑市场上已经落后多年的不利局面（尽管苹果公司于 1984 年首先发布了图形界面的麦金塔电脑，但是微软公司的 Windows 操作系统后来居上，Windows 兼容机最后占据了电脑市场份额的 90% 以上），苹果公司该靠什么竞争呢？2008 年 1 月，乔布斯在 MacBook Air 发布会现场的一个举动震撼了所有人。当时，他拿了一个牛皮纸信封走进会场，然后在万众瞩目之下从牛皮纸信封里拿出一台笔记本电脑，全场观众起立为他鼓掌。这是人类历史上第一次有一家公司能把笔记本电脑做得这么薄。也就是说，苹果的 MacBook Air 至少在薄的维度上超越了所有竞争对手。

因此，MacBook Air 一上市就获得了极大的成功。经常出差的商务人士对此非常欢迎，因为他们对笔记本电脑的重量非常在意，而对性能并没有太高要求。商务人士通常不玩电脑游戏，也不需要编辑图片和剪辑视频，他们只需要有一套微软 Office 办公软件就可以完成全部工作——Word 软件用来写文章和报告，PowerPoint 软件用来做演示文稿（PPT），Outlook 用来收发邮件，Excel 软件用来进行表格计算，等等。尽管 MacBook Air 是麦金塔操作系统，但也是可以安装微软 Office 办公软件的，因此就满足了商务人士的办公需求。当时，苹果公司为 MacBook Air 设计的广告也非常简洁：广告里没有明星，没有美女，甚至连人脸都看不见，只有一只手从一个牛皮纸信封里拿出 MacBook Air 的画面，直到音乐结束时才插入一句广告语：" 全世界最薄的笔记本电脑！"

在 2008 年的 MacBook Air 发布会之后，尽管全球个人电脑行业开始进入缓慢增长甚至负增长的态势，但 MacBook Air

的市场份额却逆势增长，逐渐成为主流的笔记本电脑之一。我自己也是从 2008 年开始用 MacBook Air 的，因为我经常需要背着一台笔记本电脑出差到全国各地给企业家讲课和为企业提供咨询，所以我需要一台超薄的笔记本电脑以减轻背包的重量。我的第一台 MacBook Air 让我非常满意。直到今天，我每次换笔记本电脑时都会选择最新款的 MacBook Air，我已成为它的忠诚顾客。

2. 提高服务的质量

对大多数中小企业来说，要想提供比大企业更高质量的产品可能有难度，这时你可以选择提供更好的服务，为顾客创造更高的价值，从而在与大企业的竞争中获胜。例如，大企业的客服一般都有一定的工作时间，但是个体户除了睡觉时间都可以保持在线，更快回复客户的咨询，更快帮客户发货，等等。

以出行行业为例。在和传统出租车的竞争中，共享汽车行业的专车如滴滴专车就是靠更好的服务来获得消费者的欢迎的。坐过传统出租车的乘客都记得，司机通常不会帮你搬行李，车上也没有水供乘客喝，甚至还经常会拒载乘客。在没有共享汽车行业的专车之前，如果消费者要拥有更好的体验，就必须有自己或单位的专职司机和车辆。而专车的出现则为大多数没有专职司机和车辆的消费者提供了更好的体验，让他们用比出租车稍高一点儿的价格，就能够享受好得多的服务，因此受到了广大消费者的欢迎。可以说，以滴滴为代表的共享汽车行业颠覆了传统出租车行业。2021年，滴滴的营收高达1 738.3亿元。

除了服务业企业，制造业企业也可以靠提供更好的服务来为顾客提供更高的价值。事实上，服务在今天的重要性越来越大。即使对以销售产品为主要业务的企业来说，服务也越来越重要。因为随着产品的同质化，服务越来越成为企业进行差异化定位的方法。

以韩国现代汽车为例。1986年，韩国现代汽车第一次进军美国市场，当时现代汽车推出的Excel（卓越）双门掀背车依靠低至4 995美元的价格一下子获得了美国市场的欢迎，销量在1986年就超过16万辆，在1987年更是超过26万辆。然而，后来这款车因空间小和性能差而成为质量低劣的代名词，在美国消费者当中的口碑非常差，现代汽车在美国市场的销量也逐年下降。1998年，现代汽车在美国市场的销量跌至9万辆，甚至被预测很快就会在美国市场全面失败而被迫离开。

1999年，背水一战的现代汽车推出对标丰田凯美瑞和本田雅阁的现代索纳塔车型，并宣布对新车提供"10年或10万英里（16万千米）动力系统免费保修"计划。这一服务承诺震撼了美国汽车市场。在美国市场，汽车厂商通常对新车只提供3年或3万英里（4.8万千米）动力系统免费保修计划。而延长保修计划通常需要消费者自己掏钱购买，例如，额外保修5年或6万英里（9.6万千米）的延长保修计划一般售价为1 000~2 000美元。现代汽车的这个10年免费保修承诺立刻获得了消费者的欢迎，因为很多消费者都会这么想："这个品牌敢承诺10年免费保修，那质量一定不错！"

确实，很多消费者被现代汽车这一远远领先于业界标准的服务承诺打动了，现代汽车在美国市场的销量也开始迅速增长：1999年，现代汽车的销量上升到16万辆，2000年的销量进一步大幅上升到近25万辆，2001年的销量高达35万辆，2003年的销量更是超过40万辆，这五年的销量平均年增长率达到创纪录的35%。经过多年的口碑传播，现代汽车在美国越来越受欢迎。2008年，美国遇到金融危机，通用、福特、克莱斯勒、丰田、本田、日产等各大汽车厂商在美国市场的销量都下跌30%以上，而现代汽车的销量只下跌了0.5%，这意味着现代汽车在美国汽车市场的份额逆势上升了。也正是在那一年，现代汽车的销量进入汽车行业全球前五，并一直保持到了今天。2021年，现代汽车以667万辆的销量名列全球汽车行业第四，仅次于丰田（1 050万辆）、大众（888万辆）和雷诺-日产-三菱联盟（768万辆）。考虑到现代汽车的母国市场韩国只有约5 000万的人口，这真的不可思议。

3. 提供更低的价格

如果企业的质量和服务都很难超越竞争对手，那么就只能靠价格了。很多优秀的企业都依靠低价策略，毕竟大多数消费者都希望省钱。事实上，低价策略要求企业有成本领先的优势，而这恰恰是迈克尔·波特在其经典著作《竞争优势》中提到的第一种战略。

以沃尔玛为例。多年蝉联《财富》全球500强企业之首，沃尔玛的成功主要归功于低价策略。低价策略的前提是低成本，那么，沃尔玛究竟是如何实现低成本的呢？第一，沃尔玛在商品采购上进行全球供应链采购，由总部统一向工厂直接集中采购，减少中间商环节，这使得沃尔玛获得了更低的采购成本，比其他零售企业采购成本低2%~6%。第二，沃尔玛在物流、库存管理、广告、企业管理等各方面都追求高效率、低成本，这使得运营成本最低化。沃尔玛的创始人山姆·沃尔顿一直秉持节俭的美德，他和其他高层管理者出差通常都选择廉价的机票和住宿。山姆·沃尔顿还曾立下规矩，要求沃尔玛的管理费用严格控制在销售额的2%以内。沃尔玛也培养职工勤俭节约的习惯，它的商品损耗率只有1%，这极大地降低了经营成本。第三，沃尔玛的超市主要分布在美国各大城市的郊区，而不是市区。市区零售业租金高昂，而郊区租金低廉，而且美国中产阶级都喜欢住在郊区。这也为沃尔玛提供了低成本优势。

沃尔玛的低成本优势在中国市场遇到了挑战。若干年以前，我曾应邀为沃尔玛全球CEO董明伦提供咨询，当时我就和他谈到了中国市场与美国市场的不同：在美国，由于没有太大的城乡区别，郊区有很好的学校和医院等基础设施，因此中产阶级主要居住在郊区，家家户户几乎都住大别墅（美国的别墅也很便宜，很多地方只需30万~50万美元即可购买大别墅），平时开车去市区上班；在中国，中产阶级主要居住在市区而非郊区——即使是在北京，六环以外就是农村，缺乏好的学区、医院等各种生活基础设施，因此大多数中产阶级市民都居住在六环以内的市区。可以说，这是中美两国中产阶级消费者的一个巨大的不同之处。为了给中国的中产阶级消费者提供便利的购物服务，沃尔玛必须在中国的市区开设超市，而这就意味着昂贵的租金（中国的一、二线城市房价在世界上排名都较高），沃尔玛就很难保持低价优势。也正因如此，沃尔玛在美国市场的成功很难复制到中国市场。

以上，我们讨论了企业为顾客创造价值的3种方法：（1）提高产品的质量；（2）提高服务的质量；（3）提供更低的价格。当然，企业还可以综合运用这些方法。以苹果公司于2021年第四季度发布的iPhone 13 为例，它不仅质量比iPhone 12好，价格还比iPhone 12低了几百元。因此，苹果iPhone 13获得了很多中国网友"加量还减价"的赞誉，网友甚至还给iPhone 13起了一个昵称，叫作"十三香"。iPhone 13在中国市场热卖，2021年第四季度，它在中国的出货量达到1 850万部，首次以创纪录的22%的市场份额登顶中国市场。

如何获得顾客满意？超越顾客预期

1. 如何获得顾客满意？

顾客满意对于企业非常重要。研究表明，顾客满意与否决定了顾客是否会重复购买；同时，顾客满意还是与企业利润长期正相关的唯一变量。那么，究竟该如何获得顾客满意？在经典的营销学理论里，有这样一个重要公式：

$$满意 = 价值 - 预期$$

在这个公式里，价值就是上一节所说的企业的产品或服务为顾客提供的利益与该产品或服务的价格的比值，而预期一般是行业标准，也是整个行业为顾客提供产品或服务的平均水平。

因此，客户是否满意取决于企业为客户创造的价值是否超过客户的预期。例如，如果你要去某家五星级酒店住，那么你的预期就会包括气派的酒店大厅、宽敞的房间、种类丰富的自助早餐、齐全的酒店设施（如宴会厅、会议室、游泳池、健身房等）。如果你发现你要去的这家五星级酒店竟然没有健身房和游泳池，你就会不满意。而如果这家五星级酒店超过你的预期，比如你发现该酒店有非常美的湖景、河景或海景，你就会非常满意。当然，超出预期也可以是价格上的。例如，在一线城市，大多数五星级酒店的价格在每晚 800 元以上，如果某家五星级酒店的价格竟然低到 600 元左右一晚，而且质量和服务并没有比别的五星级酒店差，那你一定也会非常满意。

我再举一次企业接待 VIP 客户的亲身经历为例。2019 年，我带领 50 位中国企业家去硅谷访问，参观了著名的思科公司（Cisco）全球总部。没想到的是，当我们到达思科总部时，思科竟然为我们升起了中国国旗。那一刻，每个人都感到惊喜和自豪，对思科公司自然也是赞不绝口。如果仔细分析一下，我们就会发现，大多数企业接待 VIP 客户的做法都是打出欢迎横幅或者在电子屏幕上打出欢迎语，而很少通过升国旗来对 VIP 客户表示欢迎。思科公司全球总部的这种欢迎自然超出了我们的预期，令大家对它赞不绝口。

2. 如何超越顾客预期？

如前所述，企业可以在产品、服务或价格三个维度上超越顾客的预期。接下来我就用 21 世纪初的美国大陆航空公司的案例来具体说明如何超越顾客预期，从而提高顾客满意度。

在美国航空市场，由于西南航空等廉价航空公司带来的竞争压力，大多数航空公司都开始学廉价航空公司降低价格以应对竞争。为了降低价格，它们开始削减成本，包括不再免费提供午餐和晚餐，也不再提供枕头、毛毯等。各航空公司都陷入价格战，整个行业的服务水平都有所下降。在这种情况下，大陆航空公司的管理者开始思考，是否有比价格战更好的市场策略以提高顾客满意度，并且不伤害公司的利润。

经过市场调研，大陆航空公司发现影响乘客对航空公司选择的因素有很多，包括机票价格、安全记录、飞机机型、出发时刻、是否直飞、空乘人员、机上餐食、里程计划、机上娱乐系统、枕头毛毯等。在这些因素里，机上餐食和枕头毛毯是企业最容易改变的。然而，重新提供免费的机上餐食和枕头毛毯，就意味着大陆航空公司会有更高的成本。例如，为每个乘客提供一顿免费的机上餐食，大约需要付出人均20美元的成本。这将导致大陆航空公司平均每张机票的价格比竞争对手高20美元，乘客可能难以接受。

怎么办？在进行大量的进一步研究之后，大陆航空公司发现乘客可以分为两种：商务型乘客和经济型乘客。商务型乘客由于是因公出差，机票费用可以由其所在的公司或机构报销，所以他们对机票价格上涨20美元根本无所谓，更希望能够有免费的机上餐食，否则就得经常饿肚子（或者只能自己在机场的麦当劳餐厅买汉堡包吃，费用还往往不能报销。美国企业一般对出差的员工提供出差补贴，而不报销餐食费用）。经济型乘客由于不是因公出差，需要自己掏钱，机票费用无法报销，所以对机票价格上涨20美元比较在乎，他们宁愿省钱，或者自己在机场的麦当劳餐厅买个汉堡包充饥。

最终，大陆航空公司做了一个大胆的决定——在目标市场选择上主要聚焦于对价格不敏感的商务型乘客，并成为美国民航业唯一一家重新免费提供机上餐食的航空公司。为了让更多商务型乘客知道这一点，大陆航空公司还推出了一系列广告。这些广告非常大胆地嘲笑同行为了节约成本都不再提供餐食和枕头毛毯，导致很多乘客在飞机上饥肠辘辘、容易着凉。这一系列广告总是以一个服务承诺和一句广告语结束：服务承诺是大陆航空公司将免费提供机上餐食和枕头毛毯，致力于让乘客有一段舒适的旅途；广告语则是"Work Hard, Fly Right"（你平时工作非常辛苦，出差时要选择一家正确的航空公司）。

大陆航空公司的系列广告播出不久，就获得了大量商务型乘客的青睐，尽管平均票价比竞争对手高20美元左右，但大陆航空公司的上座率反而大幅提升，公司收入和利润都进一步上升，大陆航空公司连续3年成为全美航空市场上顾客满意度最高的航空公司。

3. 如何管理顾客预期？

顾客满意公式还告诉我们，企业除了能提高价值来让顾客满意,还可以降低顾客预期来让顾客满意。事实上,企业确实要学会管理顾客预期。否则,如果顾客预期太高,尽管企业已经做得非常好(为顾客创造高价值),但顾客可能仍然不满意。例如,企业可以明确说明呼叫中心客服的工作时间为工作日每天 9:00~21:00,这样顾客就不会有太高的 24 小时服务的预期。电商企业可以明确说明 48 小时内到货,以免顾客有太高的当天到货的预期。当你邀请大客户来公司访问,并且负责客户的往返机票时,如果客户的预期是商务舱,而你的企业最多只提供超级经济舱,那么客户就会不满意。相反,如果你适当管理好客户的预期甚至降低客户的预期,效果就会好得多。例如,你可以在订票前告诉客户:"由于公司财务政策的限制,机票只能是经济舱,还请您谅解。"这样,客户的预期是经济舱,最后登机时却发现是超级经济舱,他就会感到惊喜和满意。

如何打造顾客忠诚?建立终身关系

1. 顾客忠诚对企业的意义

上一节说过,顾客满意对于企业非常重要,满意的顾客会重复购买，甚至还会推荐其他顾客购买。而当顾客长期满意之后，顾客对品牌就会建立忠诚度。研究表明，与吸引新顾客的成本相比，企业保留老顾客的成本低五分之四。例如，企业往往需要耗费巨资用广告去传播产品和服务给潜在顾客，以吸引新顾客。然而，对忠诚的老顾客来说，是否会继续购买主要取决于满意与否，而并不取决于广告。因此，只要顾客忠诚，企业就可以节约大量的广告费用。事实上，如果顾客第一次购买之后不满意，即使看到再多的广告，他也会嗤之以鼻；相反，如果顾客第一次购买之后很满意，即使后面没有再看到广告，他也会重复购买，甚至推荐别人购买。因此，顾客忠诚是几乎所有企业都希望达到的结果。

除了重复购买之外，忠诚的老顾客也对价格不太敏感。如果一个喜欢可口可乐的消费者每周去一次超市买可口可乐，有可能他都不会认真看价格标签，也不会注意到价格标签上细微的价格变化。从这个意义来说，顾客忠诚不仅可以提高顾客的重复购买率，还可以提高企业的利润率。

此外，忠诚的老顾客也更可能为企业提供积极的反馈，从而帮助企业进一步改进产品和服务。例如，小米手机的很多粉丝就会主动反馈使用体验给小米公司，从而帮助小米公司不停改进其操作系统MIUI。小米MIUI智能手机操作系统在安卓

（Android）系统的基础上针对中国用户进行了深度定制，如 MIUI 拨号与短信、MIUI 安全中心、小米消息推送服务、应用双开与系统分身、MIUI 天气、小米云服务、照明弹、拦截网等。这些成果都离不开忠诚的小米老顾客的反馈：在小米社区上，MIUI 开发团队与用户进行直接交流，接收用户反馈并持续改进系统，让用户参与到系统开发中来。

2. 顾客忠诚对顾客的意义

忠诚不仅对企业有巨大意义，对顾客也有意义。对顾客来说，忠诚可以节约顾客的交易成本，而且可以避免风险。当购买一个熟悉的品牌时，消费者对其质量和服务非常了解，不用担心购买一个不熟悉的品牌可能会遇到的产品质量和服务等方面的风险。从人性的角度来说，人都是喜欢偷懒的，消费者也希望节约自己的脑力资源和时间，不希望每一次购物都像第一次那样搜索新品牌的相关信息。例如，当你在超市里第一次买一种进口饮料时，你往往会认真查看饮料瓶上的信息，在心里判断是否愿意购买。当你购买之后，如果你很满意，那么后面的购买就会成为重复购买，你大概率不会重复第一次购买时的深思熟虑，而会飞快地把该饮料放到你的购物车里。类似地，在电子商务流行的今天，很多网上商店也会给忠诚的老顾客一个"一键复购"的选项，帮助顾客在重复购买时节约大量的时间和精力。

除了节约交易成本之外，忠诚还可以让顾客享有精神上的归属感和快乐。很多品牌的忠实粉丝会自发组织起来，互相分享和交流品牌的使用心得。例如，长城汽车旗下的坦克品牌就有车友会，许多车友不仅平时会互相分享用车心得，还会自发组织一些户外旅游和越野的活动。2021年国庆假期，我去内蒙古阿拉善的腾格里沙漠徒步，就发现有不少坦克车友一起快乐地开车穿越沙漠。

3. 如何打造顾客忠诚？

顾客忠诚这么重要，那么企业究竟该如何打造顾客忠诚？从总体战略上来说，只要企业坚持品牌承诺，让顾客每一次购买都满意，长此以往自然会拥有顾客忠诚。而从具体战术上来说，企业可以推出忠诚度计划、品牌粉丝会等帮助打造顾客忠诚。

忠诚度计划（loyalty programs）是指通过维持顾客关系和培养顾客忠诚度来满足顾客的长期需求，降低其品牌转换率的计划，形式通常包括顾客分级会员制、累计消费奖励制度等，如航空公司的里程计划、信用卡的累计使用奖励。接下来我以航空公司的里程计划为例来详细说明。

如前文所述，由于航空公司的基本服务都是把乘客从A地运输到B地，没有什么差异，航空公司这个行业竞争非常激烈。正因如此，航空公司也是最早出现忠诚度计划的行业之一。1981年，美国航空公司推出了AAdvantage常旅客里程计划，后来该计划被视为现代第一个全面的忠诚度计划。1982年，美国航空开始引入会员等级来奖励最忠诚的会员，起初是为了将空余的座位免费奖励给常旅客（否则空余的座位无疑是极大的资源浪费），后来则慢慢变成会员搭乘飞机次数越多，所获得的奖励里程和会员权益就越多，这极大鼓励了会员重复购买和搭乘更多次美国航空的航班。

由于AAdvantage常旅客里程计划给美国航空公司带来了竞争优势，其他竞争对手也纷纷开始模仿推出类似的常旅客里程计划。各家航空公司主要与其国内的其他航空公司进行竞争，而乘客进行国际旅行，例如转机，往往需要不同国家的航空公司之间的协作，于是就慢慢开始出现不同国家之间航空公司的超级常旅客里程计划联盟。

1997年，世界上第一家全球性航空公司联盟——星空联盟（Star Alliance）在德国法兰克福成立，美国联合航空是星空联盟的创始成员之一。由于星空联盟的出现，它的任何一个成员航空公司的会员都可以享用全球更多机场贵宾室，享受相互通用的特权和礼遇，同时会员搭乘星空联盟任一成员航空公司的航班，皆可将累计里程数转换至任一成员的里程计划的账户内，这样可以让会员更容易积攒里程并成为更高级别的精英会员。星空联盟自成立以来发展迅速，截至2022年4月末，全球各国已有26家航空公司成为星空联盟的正式成员，航线涵盖了192个国家和地区。中国的中国国际航空公司（国航）和深圳航空公司（深航）是星空联盟的成员。

　　星空联盟成立之后，其他的航空联盟也很快出现了。1999年，由美国航空等联合成立的"寰宇一家"（oneworld）航空联盟成立了。2000年，由美国达美航空等联合成立的"天合联盟"（SKYTEAM）也成立了。中国的中国东方航空公司（东航）和厦门航空公司（厦航）是天合联盟的成员。

　　下面我们以星空联盟里的中国国际航空公司的里程计划"凤凰知音"为例，来说明该忠诚度计划究竟如何帮助国航打造顾客忠诚。首先，任何乘客都可以免费加入该计划成为会员，并在乘坐星空联盟任一成员航空公司的航班时都能够把里程积累到会员在国航的里程账户。其次，如果会员在一年中的飞行里程达到 40 000 千米、80 000 千米或 160 000 千米，则会员可以分别升级为银卡、金卡或白金卡三个不同等级的贵宾会员。银卡、金卡和白金卡贵宾会员可以享受相应的特别权益，例如，银卡及以上贵宾会员即使购买经济舱机票也可以享受比经济舱更多的免费行李托运额度，而金卡和白金卡会员即使购买经济舱机票，也可以和头等舱、商务舱乘客一样优先登机，同时还可以去头等舱和商务舱休息室候机。

不要小看这些贵宾会员权益。以国航白金卡贵宾会员为例。每年需要飞行 160 000 千米才能保级白金卡，相当于从北京飞到上海大约 160 次（北京到上海的里程约为 1 000 千米）。一年只有 52 个星期，这就意味着一位白金卡贵宾会员如果只在北京、上海之间往返出差，平均每周需要飞行 3 次。这样高的飞行频率，如果乘客完全忠诚于一家航空公司，那将对这家航空公司的收入和利润做出极大的贡献。因此，航空公司必须对这类常旅客给予特别优待。

那么，对一个平均每周要在北京和上海之间飞行 3 次的常旅客来说，他最关心的特别权益是什么？用一个国航白金卡贵宾会员朋友的话来说，其实无非是无须排队的提前登机和休息室里的那碗免费牛肉面。因为，对一个一年只乘坐一两次飞机的普通乘客来说，偶尔排一两次队登机根本无所谓；对一个一年飞行160次的常旅客来说，这就意味着他一年需要排队登机160次，无疑会浪费大量的时间，排队对他来说是最痛苦的。同时，这样的常旅客由于频繁出差，经常会错过饭点，休息室里的一碗免费牛肉面绝对是饥肠辘辘的他充饥的最佳选择，一年下来，160碗免费牛肉面也能节省一笔不小的费用（如果去机场餐厅自费购买，平均一碗牛肉面需要50元，一年160碗就是8 000元），更不用说通常他们都是踩着点去赶飞机，根本没有时间去餐厅里慢慢点餐等餐。

弄清了这些常旅客的痛点和需求，就不难理解他们为什么会被这些航空公司的忠诚度计划吸引了。这些常旅客都是为企业或者单位出差，而大多数企业或单位都无法报销商务舱，只能报销经济舱，没有贵宾会员的特别权益，就意味着他们每次登机都要排长队，而且会经常挨饿。因此，这些常旅客都非常在乎贵宾会员的特殊权益。

正因如此，哪家航空公司拥有更多的贵宾常旅客会员，哪家航空公司就有资格在机票上涨价。例如，在北京到上海的这条黄金航线上，尽管都是2个小时左右到达，但不同航空公司的票价仍然相差较大。在这条航线的两个主要竞争对手国航和东航之间，国航的票价通常都比东航贵100~200元。国航敢于这样制定更高价格的底气是什么？其实就是国航拥有更多的贵宾常旅客会员，他们都是为企业或者单位出差，机票费用可以报销，所以根本不在乎机票价格，但他们非常在乎提前登机和免费牛肉面等贵宾常旅客的特殊权益。因此，这些常旅客就会每次出差都坚持购买他们作为贵宾会员的这家航空公司的机票，以便享受贵宾权益。

一个优秀的忠诚度计划不仅可以提高一家企业的竞争力，让顾客几乎每次都选择该企业而非其竞争对手的产品或服务，甚至有时还可以增加顾客计划外的消费。举一次我自己的亲身经历为例。作为一家航空公司的白金卡会员，我每年大约都需要飞行 160 000 千米才能保级，这样第二年我才能继续享有一些特别权益。由于平时我出差都是别的企业邀请我去讲课或咨询，机票费用都由对方承担，所以我根本不在乎机票价格，于是我每次都要求对方为我购买我作为白金卡会员的这家航空公司的航班。有一年，到了12月末，我发现已经没有其他企业或者机构邀请我出差了，而我这一年到12月末一共飞了 155 000 千米，离 160 000 千米的保级里程还差 5 000 千米。

怎么办？如果无法保级，第二年我就会失去很多这家航空公司的白金卡贵宾权益，特别是赠送的 8 张全球升舱券（可以用于出国飞行的长途航班）。于是，当时我做了一个看起来很不理性的决策：在年底已经没有任何其他企业邀请我出差的情况下，我决定自己花钱飞一趟，以凑够这 5 000 千米的里程。当然，为了让自己看起来没那么傻，我就对家人说："年底了，咱们已经非常辛苦地工作了一年，现在奖励一下自己，全家去度个假如何？"家人欣然同意，我们一起飞去新加坡过了一个开心的周末。而我唯一没有对家人说的是，其实除了度假之外，我还需要那 5 000 千米的保级里程——新加坡距离正好合适，还不用倒时差。

由于忠诚度计划极大帮助了航空公司打造顾客忠诚和提高竞争力，很快其他行业也都开始模仿航空业推出自己的顾客忠诚度计划。其中应用得非常成功的一个行业是酒店业。例如，希尔顿酒店集团（旗下品牌包括希尔顿、康莱德、华尔道夫、希尔顿欢朋、希尔顿逸林等）、洲际酒店集团（旗下品牌包括洲际、皇冠假日、假日等）、万豪酒店集团（旗下品牌包括万豪、丽思卡尔顿、万丽、喜来登、威斯汀、瑞吉等）都有自己的会员计划，并且会员计划在同一酒店集团下的不同品牌酒店通用。这些酒店集团的忠诚度计划除了对贵宾会员提供免费酒店住宿奖励，还提供贵宾会员专用柜台（办理入住或退房时无须排长队）、免费延时退房到 16 点（不用中午 12 点着急退房了）等特别权益。

在今天的中国市场，各行各业都推出了会员计划。各种商场和零售店如北京SKP百货商场推出了购物可以积攒积分的会员计划，以鼓励会员保持长期忠诚。甚至，很多餐厅、理发店和足疗店的服务人员在见到顾客时说的第一句话就是："您是会员吗？"然而，大多数会员计划都变成了充值卡，而在设计上缺乏给会员他们最关心的特别权益。例如，很多消费者都有过还没消费完充值卡余额就发现店铺关门跑路的不愉快经历，这类会员计划饱受消费者诟病。又如，很多著名的连锁餐厅都会遇到门口顾客大排长龙的情况，却没有一家餐厅对其贵宾会员提供类似航空公司那样的免排队特别权益。显然，这样的会员计划缺少吸引力，很难真正留住那些时间成本较高但愿意多花钱吃饭的顾客。

除了忠诚度计划之外，建立类似车主会、品牌发烧友等企业或品牌的粉丝俱乐部也是提高顾客忠诚度的一个好方法，这种方法还可以鼓励粉丝自发传播品牌，进一步提高品牌的知名度。著名的哈雷戴维森（Harley-Davidson，简称"哈雷"）摩托车公司的品牌在很大程度上就受益于哈雷车主会。1983年，哈雷公司成立了第一个哈雷车主会（Harley Owners Group），以满足骑手们分享激情和展示自我的渴望。哈雷车主会的会员们经常会在阳光明媚的周末一起骑行，他们那威风的摩托车队和拉风的马达声就成了宣传哈雷品牌最好的活广告,并把哈雷一个多世纪以来的品牌灵魂——追求自由和个性的生活方式表现得淋漓尽致。如今,哈雷车主会已成为世界上最大的由生产厂商赞助的摩托车组织,而且它的规模仍在不断扩大。

第四章

营销策略

让顾客欲罢不能的
五大方法

2003 年，特斯拉公司由马丁·艾伯哈德和马克·塔彭宁在美国硅谷联合创立，创始人将公司命名为"特斯拉汽车"，以纪念伟大的物理学家尼古拉·特斯拉。2004 年，已有 PayPal（贝宝）和 SpaceX 等连续创业经验的埃隆·马斯克向特斯拉公司投资 630 万美元，要求担任特斯拉公司的董事长并拥有所有事务的最终决定权，从此开始带领特斯拉在电动汽车行业快速发展。截至 2022 年 4 月 8 日，特斯拉公司的市值高达 1.06 万亿美元，特斯拉 CEO 马斯克也以超过 3 000 亿美元的身家成为新的全球首富。

　　特斯拉的成功，离不开其清晰的产品、定价、渠道和传播等营销组合策略。特斯拉的产品策略非常清晰，分为轿跑车和 SUV 两条产品线。不论是轿跑车还是 SUV，特斯拉都采用了"先高端，再入门级"的产品策略。在产品设计上，特斯拉的策略是简洁和科技，以区别于传统汽车。而在核心的产品安全性和驾驶性能包括自动驾驶软件上，特斯拉也一直领先业界。

2008年10月，特斯拉的首款产品Roadster上市，但每辆车的成本高达12万美元，远高于马斯克在发布该产品时宣布的定价10万美元（当时马斯克预计该车成本可控制到每辆7万美元），因此特斯拉当时面临亏钱卖车的窘境。不过，这款车尽管亏钱，却成功把特斯拉的品牌定位成了豪华电动汽车。

2012年，特斯拉的第二款产品Model S轿跑车上市，同样定位为高端豪华轿跑车，基础定价为每辆79 900美元。Model S的销量在2013年第一季度力压奔驰、宝马等传统豪华车，夺得北美7万美元以上豪华车市场的销量冠军。这对一款刚推出不久的电动汽车来说，是史无前例的表现。特斯拉也在2013年第一季度首次实现盈利，股价大涨。

Model S的高昂定价和它在高端豪华轿跑车市场的优秀表现成功帮助特斯拉牢牢占据了消费者的心智（特斯拉＝豪华电动汽车），因此当特斯拉在2016年4月1日发布入门级的豪华轿跑车Model 3（对标奥迪A4、宝马3系和奔驰C级）时，其低至35 000美元的基础定价让用户为之疯狂，在特斯拉开放官网预订之前，仅靠门店排队预订时，Model 3的订单数量已经超过11.5万辆，而在开放官网预订之后，首周内总预订量就达到 27.6 万辆。Model 3 于 2017 年 7 月正式开始交付，到 2019 年，Model 3 在美国的销量已经远超同级别的奥迪 A4、宝马 3 系和奔驰 C 级。截至 2021 年 6 月末，Model 3 仅仅用了 4 年，全球交付量就超过了 100 万辆。根据汽车媒体 Car Industry Analysis 发布的 2021 年全球汽车销量排行榜，Model 3 以 51 万辆的全球年销量成功跻身榜单前十，并成为唯一进入前十榜单的电动汽车。

在 SUV 产品线上，特斯拉也采用了"先高端，再入门级"的产品策略。2015 年 9 月，特斯拉发布了第三款产品 Model X，定位为高端豪华跨界 SUV（对标宝马 X6），基础定价 89 990 美元。由于 Model X 不仅性能优异，还有独特的鹰翼门，这款 SUV 一经推出就立刻获得了市场的欢迎和赞誉。

再一次，Model X 的高昂定价和它在高端豪华 SUV 市场的优秀表现成功帮助特斯拉牢牢占据了消费者的心智（特斯拉 = 豪华电动汽车）。因此，当特斯拉在 2019 年 3 月 15 日发布入门级的豪华跨界 SUV Model Y 时，其低至 39 000 美元的定价再次让用户为之疯狂，Model Y 也在市场上取得了类似 Model 3 的成功。从 2020 年 3 月第一次交付起，截至 2021 年 6 月末，仅仅一年左右，Model Y 的全球交付量就已经超过 25 万辆。

由此可见，在定价策略上，特斯拉都是通过高端豪华车的高定价来树立品牌形象，然后通过入门级豪华车的低定价来获得市场份额。在中国市场，其他汽车厂商的定价策略往往都是中国定价高于美国等海外市场定价（同一车型）。然而，特斯拉对中国市场的定价以不高于美国市场为其独特策略（中国政府征收的增值税和进口关税不计算在内），甚至由于有些车型如 Model 3 和 Model Y 有中国政府对新能源车的补贴，中国消费者可以用比美国消费者更低的价格买到。例如，中国市场 Model 3 的售价最低曾是 23.59 万元，低于美国市场 Model 3 的最低售价 3.999 万美元（以 1 美元 =7.2 元的汇率计算，相当于 28.79 万元）。因此，Model 3 和 Model Y 都在中国市场获得了巨大成功：2021 年，Model 3 在中国市场的累计销量为 151 234 辆，在中国市场所有轿车车型中年销量排名第一；而 Model Y 的累计销量为 170 786 辆，在中国市场所有 SUV 车型中也排名第一。

在渠道策略上，特斯拉也非常与众不同。传统汽车厂商都是通过汽车经销商进行汽车销售的，特斯拉则通过直销进行汽车销售。特斯拉在各大购物中心里设立的展示中心非常时尚，吸引了大量消费者的注意力。这让消费者买车变得更加容易（无须专门驱车去传统的汽车 4S 店），而且进一步强化了特斯拉时尚、创新的品牌形象。同时，直销也让特斯拉能以最低的价格把汽车销售给消费者，以扩大市场份额。

在传播策略上，特斯拉主要利用发布会、官网和社交媒体进行传播。特斯拉每次发布新车，都和苹果公司发布新品一样吸引注意力。和其他传统汽车厂商不同，特斯拉的官网不仅是产品展示的窗口，更是消费者可以直接预订的商店。特斯拉和马斯克一直是社交媒体上的热门话题，马斯克的推特账号粉丝数量甚至超过了1亿，非常不可思议。可以说，他发一条推特所达到的传播效果，远远超过绝大多数传统媒体的触达人数。

最后，在服务策略上，与传统汽车厂商无法免费在线为老车升级系统不同，特斯拉允许用户为老车免费升级系统或付费购买额外的自动驾驶功能，这保证了老用户一直可以拥有一辆最"新"的汽车，获得了用户的热烈欢迎。同时，与大多数传统厂商并不拥有客户资料不同，特斯拉有每个顾客的账户资料，可以建立并维护终身客户关系。

特斯拉正因为在产品、定价、渠道、传播、服务等各个营销组合策略上的用心，才获得了消费者的热烈欢迎和市场上的巨大成功，并成为汽车行业全球最高市值公司。不可思议的是，特斯拉的市值竟然还大于全球汽车行业市值前十企业后九名的市值总和。

接下来，我们来详细讨论企业该如何设计营销组合策略，包括产品、定价、渠道、推广（传播/沟通）、服务等，它们被简称为4Ps。

产品策略：
如何打造火爆的产品？

第三章讨论过，如果企业能比行业里的大多数竞争对手提供更高质量的产品给顾客，而价格并没有太大区别，那么企业就为顾客创造了更高的价值，企业的产品也就容易畅销。由此可见，产品策略是企业提高竞争力的重磅武器。

在苹果公司于2007年发布iPhone之前，市场上的智能手机已经非常多，例如著名的黑莓智能手机、iPAQ掌上电脑、Palm Treo智能手机等。这些智能手机的操作系统各异，但基本上有一个共同点——附带全键盘和触控笔。当时，全球手机销量已超过8.25亿台。尽管苹果公司在2007年之前从未进入过手机行业，但数码相机行业的衰败让乔布斯居安思危：2005年，苹果公司的iPod销量高达2 000万台，占苹果公司总收入的45%。在形势一片大好的时候，乔布斯心里却非常担忧。因为，他观察到当时很多手机都开始配备摄像镜头，结果导致数码相机市场急剧萎缩。乔布斯在思考，如果手机制造商也在手机里加入 iPod 的功能，那么苹果公司的 iPod 可能就会面临和数码相机类似的困境。

与其被竞争对手颠覆，不如自己颠覆自己！于是，与开发 iPod 打败其他便携式音乐播放器一样，乔布斯开始让团队开发一款包含 iPod 音乐播放功能的智能手机去打败智能手机行业的竞争对手。那时，苹果公司已经在苹果笔记本电脑的基础上开发带多点触控功能的平板电脑。有次乔布斯看到团队对平板电脑模型的演示，觉得这项技术可以用到手机上，而手机的重要性远远大于平板电脑，于是乔布斯暂时搁置了平板电脑的开发，要求团队全力开发带多点触控功能的手机。

2007 年 1 月，乔布斯在苹果公司的 Macworld 大会上发布了第一代 iPhone，这是一台融合了 iPod 和手机的互联网通信设备。2007 年 6 月 29 日，iPhone 上市，大量粉丝来到苹果零售店门口排队购买。iPhone 的出现，真正变革了智能手机行业，苹果公司也因此获得了不可思议的成功，连续多年销量每年都以几乎翻番的幅度增长，到 2019 年，苹果公司已售出超过 15 亿台 iPhone，其利润占全球手机市场利润总额的一半以上。可以说，是 iPhone 真正让苹果公司再次起飞。

企业在设计产品时一定要做到以顾客为中心。而由于顾客存在差异性（不同国家、不同地区的顾客非常不同），所以产品需要根据顾客的不同特点和需求进行调整。否则，即使是质量非常好的产品也可能销路不佳。以黑莓智能手机为例。黑莓智能手机在 2007 年苹果发布 iPhone 之前在欧美市场非常成功，但奇怪的是，即使是在 2007 年之前，黑莓也从未在中国市场获得成功。那时，黑莓手机在全球智能手机市场上如日中天，也还没有 iPhone 的竞争，为什么它在中国市场没有获得成功？

如果分析一下当时黑莓手机在欧美市场的成功，就不难发现其受欢迎的原因主要在于实时收发电子邮件的功能。作为一款商务手机，黑莓的主要功能是可以实时收发电子邮件，并配备了全键盘。为什么实时收发电子邮件功能对欧美用户非常重要？原因其实很简单，电子邮件是欧美企业最重要的商务沟通方式。以美国为例。大多数美国企业的员工名片上只有办公室电话和电子邮箱，而没有留员工个人的手机号码。这样做是因为大多数美国人都把手机号码看成私人号码，并不希望下班后还被老板或客户联系。因此，美国企业与客户基本上都靠办公室电话或者电子邮件进行沟通。电子邮件的沟通效率比较低，因为企业员工下班离开了办公室电脑，就不再收发电子邮件，大多数电子邮件的礼貌回复时间是 24 小时之内（如果是周五下午发的邮件，则可能需要到 72 小时后的周一下午才能获得回复）。

因此，当加拿大 RIM 公司在 2002 年推出第一台拥有实时收发电子邮件功能的黑莓手机时（在此之前，RIM 公司的产品主要是拥有电子邮件收发功能的寻呼机），该手机立刻获得了欧美商务市场的热烈欢迎。很多美国企业都购买黑莓手机和数据服务，免费给员工使用，因为黑莓手机可以帮助企业提高商务沟通的效率：原来下班后不回复电子邮件的员工现在可以第一时间回复电子邮件了，不论是在家里还是在地铁或者出租车上。正因为其实时收发电子邮件功能大受企业欢迎，黑莓才成为那个时代的智能手机王者。2004 年年底，黑莓已经进入 40 个国家，除了自营以外，RIM 公司还通过全球 80 个移动运营商的渠道来销售黑莓手机，拥有超过 200 万名终端用户。2006 年，中国移动也和 RIM 公司签署协议，把黑莓手机引入中国市场。到 2007 年，经过连续数年的高速发展，RIM 公司的市值高达 692 亿美元，成为当时加拿大市值最高的公司。可以说，电子邮件功能给了黑莓手机一个巨大的产品优势，使其成为当时全球最受欢迎的智能手机。

然而，即使在 iPhone 这个竞争对手出现之前，黑莓手机在中国市场也一直没有受到欢迎。为什么？原因很简单：黑莓手机最受欧美用户欢迎的实时收发电子邮件功能对中国商务用户来说并不重要。对欧美商务用户来说，电子邮件是他们进行商务沟通的主要方式。而在中国市场，商务沟通的主要方式并非电子邮件，而是用手机打电话和发短信。这是一个巨大的文化差异——欧美商务人士在名片上印着办公室电话号码和电子邮箱，而中国商务人士在名片上印着手机号码。中国很多商务人士也有工作单位的电子邮箱，但在名片上印上的常常是自己的QQ邮箱等第三方邮箱。在中国，如果要和客户或者供应商等商务伙伴约个今晚的饭局，那么一定是通过用手机打电话或者发短信进行联系的，而不是发电子邮件——大多数中国人并不实时查看电子邮箱，往往只是每天查看一次，甚至几天才查看一次。如果要用电子邮件约别人今晚吃饭的话，估计等对方看到邮件时，饭菜都凉了，甚至馊了。中国市场和欧美市场在商务沟通上的文化差异还有很多，例如，中国人往往不习惯进行电话语音留言，而欧美人对此习以为常……正是由于这样的巨大文化差异，黑莓手机的实时收发电子邮件功能尽管对欧美商务用户非常重要，但对中国商务用户来说没有太大意义，也就无法在中国市场成为畅销的手机了。

在当今的中国市场，消费升级是一个大的趋势。毕竟，经过几十年的经济发展，中国人民的生活水平有了很大的提高，人均 GDP 在 2021 年已超过 1.25 万美元。可以说，在中国的一、二线城市，中产阶级已不再满足于过去全国各地市场到处都一样的普通产品，而是对高品质的产品有非常大的需求。初创企业往往需要高质量的新产品创意来打造"爆品"，而消费者未被满足的需求通常就是最好的新产品创意来源。很多时候，消费者也愿意为更优秀的产品支付更高的价格。喜茶、乐纯酸奶、钟薛高雪糕、鲍师傅糕点、三只松鼠零食等新国货品牌为什么爆红？因为它们的品质确实比目前市场上大多数老品牌更高，尽管价格也更高，但它们满足了部分中国消费者消费升级的需求。因此，产品策略是企业营销组合策略中最重要的支柱之一。可以说，好的产品就是企业成功的一半。

服务策略：
如何让顾客满意并建立竞争优势？

现在，大多数产品的销售都伴随着服务，因此，企业的服务策略非常重要。以亚马逊公司为例。尽管消费者在亚马逊上购买的是商品，但亚马逊提供的 Prime 会员一日或两日免运费送达等服务才是亚马逊最大的竞争优势和"护城河"。亚马逊

Prime 会员的福利最初是只要交 79 美元的年费，即可享受绝大多数商品（超过一亿件）两天内免费送货到家的特别权益。

最初，亚马逊并没有自己的物流网络，而主要靠 UPS（美国联合包裹运送服务公司）和联邦快递这两个物流合作伙伴提供快递服务。2013 年圣诞节期间，订单激增，天气恶劣，而且 UPS 和联邦快递在周末和法定节假日都不送货，导致假期前后大量包裹配送延误，顾客抱怨得非常厉害。杰夫·贝佐斯意识到了快速物流服务的重要性，于是决定建立亚马逊自己的物流网络，掌控商品从供应商仓库到物流中心再到消费者家门口的整个过程。此后，亚马逊开始自建物流网络，购买卡车、拖车，租赁飞机，并在物流中心大量应用机器人以进一步提高物流效率。这些机器人提高了物流分拣的效率，亚马逊不再需要让员工在面积巨大的物流仓库里每天来回走十几英里，从各处货架上挑拣商品。不但如此，机器人还为亚马逊节约了大量的人工费用，增加了亚马逊的竞争优势。由于物流效率的提高，亚马逊开始将 Prime 会员的两日送达服务升级为在 8 000 个美国城市超过 100 万件商品当日或一日免运费送达，进一步增加了会员福利，也拓宽了亚马逊的竞争护城河。

除了通过提高物流服务来增强竞争力，亚马逊还免费向 Prime 会员提供视频订阅服务。当贝佐斯第一次对亚马逊高管提出这个想法时，他们根本无法理解。但后来事实证明，贝佐斯的这个方法确实很有用。因为消费者都喜欢"免费"。可以免费观看电影和电视节目，让亚马逊 Prime 会员觉得每年 79 美元的会员费很划算，这促使亚马逊 Prime 会员数量大幅增长。提供免费视频订阅服务之后，亚马逊后来也两次提高了 Prime 会员费，2014 年从 79 美元提高到 99 美元，2018 年再次提高到 119 美元。一日免运费送达和免费的视频订阅服务使得亚马逊 Prime 会员数量激增。2018 年，亚马逊 Prime 全球会员超过 1 亿人，亚马逊的净利润从 2017 年的 30 亿美元快速增长到 2018 年的 100 亿美元，亚马逊的市值在 2018 年年底飙升到了 7 300 亿美元，这也帮助贝佐斯在 2017 年 8 月超过比尔·盖茨，成为全球首富。2020 年第一季度，亚马逊 Prime 全球会员人数突破 1.5 亿，亚马逊的市值也突破 1 万亿美元，贝佐斯的身家达到惊人的 1 240 亿美元，连续几年居于全球首富的位置。

　　服务对中国企业来说可能更为重要。因为中国企业的产品给人的感知往往是质量一般，价格比较便宜。如果能够在服务上做得比竞争对手更好，那么企业就可以获得竞争优势。以海尔为例。海尔的家电产品一直以来都在中国消费者当中享有良好的声誉，是海尔电器的质量最好吗？事实上，海尔领先同行的是服务。中国标准化研究院顾客满意度测评中心每年都会联合清华大学经济管理学院中国企业研究中心发布不同家电品牌的顾客满意度。在2022年发布的11类家电产品顾客满意度调查结果中，海尔不仅拿下10项全优，更有7个品类排名第一，其中冰箱连续14年夺冠，滚筒洗衣机连续11年、电热水器连续10年、电视机连续7年夺冠。由此可见，海尔的售后服务是它的核心竞争力。

再以三一重工为例。尽管三一重工销售的是工程机械产品，但服务是它的金字招牌。在中国的工程机械行业，三一重工面临着美国卡特彼勒等国外同行和徐工等国内同行的激烈竞争：卡特彼勒等全球竞争对手的产品质量有优势，而徐工等国内竞争对手的价格有优势。于是，三一重工选择用服务进行差异化，推出了"部件损坏无法工作，免费换一台新机器"的服务方式，解决客户的后顾之忧。要知道，工程机械行业的客户是施工企业，对施工企业来说，购买的挖掘机等工程机械一旦出了故障，就会影响工期（在中国，重大工程的工期还经常是政治任务，例如要求国庆前完工或者年底完工）。因此，三一重工的服务承诺具有很强的吸引力：365天24小时不间断服务，2个小时内到达现场，1天内排除故障；若1天之内无法排除故障，则由三一重工免费换一台新机器运过来，让客户可以继续施工，保证工期，等客户原来的工程机械维修好了再换回来。显然，这样的服务承诺可以让施工企业安心施工，服务成为三一重工的核心竞争力，三一重工在挖掘机等产品上的市场份额连续多年蝉联全国第一，领先徐工、卡特彼勒等国内外品牌。

定价策略：如何提高市场份额或利润率？

1. 定价策略的威力

除了产品和服务策略之外，企业的定价策略也举足轻重。

以全球最大的共享民宿平台爱彼迎（Airbnb）为例。与传统的酒店相比，共享民宿显然在价格上有极大的优势。2007年秋，住在旧金山的布莱恩·切斯基和约瑟夫·格比亚正因为房租问题一筹莫展。他们俩都是美国罗得岛设计学院的毕业生，但都处于失业状态，穷得付不起在旧金山的房租。当时有个设计师大会在旧金山举行，非常火爆，当地所有的酒店都已经预订满了。约瑟夫·格比亚从中发现商机，给布莱恩·切斯基写了一封邮件陈述他的创业想法："我们可以在客厅放几张充气床垫，然后将床位租出去，为前来参会的设计师们提供一个落脚之地，并向他们提供房内的无线网络和早餐等服务。"他俩一拍即合，迅速行动起来，把3张充气床摆在房间里，并建立了一个简单的网站，给他们的充气床打广告，居然在周末成功招到了三个租客，每人向他们支付了80美元的房租。他们将这项出租服务称为"充气床和早餐"（air bed and breakfast），而这就是Airbnb品牌名称的来源。

约瑟夫·格比亚和布莱恩·切斯基看到了民宿在线短租的前景，并拉了工程师朋友内森·布莱查奇克入伙一起创业。正是通过提供低价的民宿，经过十余年的发展，Airbnb已经拥有400多万名房东，接待了来自全世界各地的超8亿人次用户。2020年12月，爱彼迎在美国纳斯达克证券交易所成功上市。截至2022年10月12日，爱彼迎的市值高达718亿美元，比全球最大的酒店集团万豪的市值（460亿美元）还高。

2. 基于不同顾客需求的定价策略

除了低价策略之外，企业的价格策略更重要的是对顾客进行分析，向不同的顾客提供不同的价格。定价对于企业打造畅销产品和创造高利润有着决定性作用。然而，大多数企业对定价不甚了解，很多甚至还在用成本加成法等错误的定价方法。所谓成本加成定价法就是简单地通过确定产品成本，再加上事先决定的加成利润来进行定价。尽管成本加成定价法被许多企业使用，但它不论有多么普及，都是一种错误的定价方法。因为决定价格的核心是企业的产品或服务在顾客心里的价值，而不是企业的成本。

此外，企业不要简单地为所有顾客设立同一个价格。请记住，不同顾客的需求是不同的，支付意愿也是不同的。因此，企业要为不同的细分市场或顾客提供不同的产品或服务并相应地设立不同的价格，这样才能更好地满足不同顾客的不同需求，企业的利润才会更加丰厚。

以航空公司为例。传统全服务航空公司会提供四种不同舱位——头等舱、商务舱、超级经济舱、经济舱，这些不同舱位的核心利益是一致的（运送旅客到目的地），但不同舱位的价格差别非常大，赢利能力也非常不同。我在清华的课堂上经常问这样一个问题：以英国航空公司从英国伦敦到美国华盛顿这条跨大西洋黄金航线为例，飞机是波音777宽体客机，舱位一共有头等舱、商务舱、超级经济舱、经济舱四种，哪种舱位最赚钱？

有的同学回答头等舱，有的同学回答商务舱，有的同学回答超级经济舱，还有的同学回答经济舱。4个答案中只有一个是正确的，大多数人的回答是错误的。那么，究竟哪个回答才是正确的呢？

我们不妨一起来看看表1中英国航空公司这条航线波音777宽体客机不同舱位的价格、座位数和相应的收入数据。

表1 英国航空公司从英国伦敦到美国华盛顿航线波音777宽体客机不同舱位的单价、座位数和相应的总收入

	单价（美元）	座位数	总收入（美元）
头等舱	8 715	14	122 010
商务舱	6 723	48	322 704
超级经济舱	2 633	40	105 320
经济舱	876	122	106 872

由此可见，在英国航空公司的这条跨大西洋航线上，最赚钱的舱位是商务舱，48个座位就能创造322 704美元的收入；最不赚钱的舱位是经济舱，122个座位才能创造106 872美元的收入。为什么会这样呢？要想知道这背后的原因，就要分析不同舱位顾客的不同支付意愿和相应的人数。

第一，头等舱的价格最高，而且企业不允许报销头等舱，所以顾客只能是富豪、明星等非常有钱的人，但是这种人数量很少。

第二，顾名思义，商务舱的顾客是出差的商务乘客，他们不是自己掏钱，而是企业报销。以《财富》全球500强公司为例。大多数公司都规定高管出差时，飞行时间只要超过6个小时，就可以报销商务舱机票。这些商务乘客对价格不敏感，因此商务舱的价格很高，接近头等舱，而且由于出差的公司高管数量很多，商务舱座位数较多，就成为最赚钱的舱位。

第三，所谓超级经济舱，其实就是不打折的经济舱，但是座位比经济舱更宽敞一些，而且可以提前登机。那么，超级经济舱的顾客是谁呢？也是商务乘客，所以超级经济舱的价格也较高。大多数企业和机构的福利都没《财富》全球500强公司这么好，通常不能报销商务舱机票，但是允许报销超级经济舱和普通经济舱。毕竟，员工为企业出差已经很累了，企业没法儿苛求员工一定要买折扣大的经济舱机票才能报销。否则，如果没有折扣大的经济舱机票，难道就不出差了？正是由于商务乘客对价格的不敏感，超级经济舱的赢利能力也非常不错。

第四，经济舱的顾客是个人或家庭旅行的普通旅客，都是自己掏钱，无法报销，对价格非常敏感，所以经济舱的价格非常低。毕竟，不同航空公司的基本服务没有什么差别，不管坐哪家航空公司的航班，都可以到达目的地。于是，这些顾客主要看价格来选择航班。航空公司对这些顾客必须提供低价折扣票，否则这些顾客会选择竞争对手的航班。

3. 基于顾客决策规律的定价策略

我在《理性的非理性》一书里介绍了大量的行为经济学和消费者行为学的研究成果，可以帮助企业洞察顾客的决策规律。这些顾客的决策规律也可以被企业应用到定价策略上来。下面我以自己的亲身经历为例来介绍"折中效应"对企业定价策略的启发。

十几年前，我刚回国加入清华大学任教。一开始我理发是在清华校内，虽然很便宜，一次才10元，但是服务不太好，也不洗头，通常还有很多学生排队，于是后来我决定走出校门，去享受更好的理发服务。第一次出校理发时，我去了清华大学校门对面的一家理发店。还没走进店，门口的迎宾服务员就热情地迎上来问候我："老师您好！"

我很好奇："你怎么知道我是老师？"

服务员笑着说："在清华门口，我们都这么叫。"

我也不由得笑了，确实服务态度不错！于是，我走了进去。

服务员接着问："您有熟悉的理发师吗？"

因为是第一次去这家店，我告诉她："没有。"

服务员又问:"那您想找什么价位的理发师?"

我很好奇:"都有哪些价位?"

服务员拿了一个价目表给我看,说:"有38元的,还有68元的。"

"38元和68元有什么不一样呢?"

"38元的是普通理发师给您剪头发,68元的是总监级理发师给您剪头发。"

我当时刚回国,不相信理发还有总监(在我的认知里,总监是企业高管,一般对总经理汇报),心里想:"不就是想多赚我的钱吗?我可是教营销的老师呢,没那么容易上当!"我就选了38元的价位。

这时,我看到了服务员眼中闪过一丝形容不出却令我不太舒服的神色。

在那次不太愉快的理发经历之后,我就再也没有去清华门口的那家理发店理发,而是改去位于五道口的一家理发店,离清华也不太远。第一次去这家理发店时,服务员告诉我店里提供的理发服务有38元、68元、98元和128元四个价位。同样地,我问服务员这四个价位的理发服务有什么区别。

服务员说:"38元的是由普通理发师给您理发,68元的是由总监级理发师给您理发,98元的是从韩国学习回来的高级总监给您理发，128元的是店长亲自给您理发！"

面对这4个选择，我的想法就不太一样了。我实在不好意思选择最便宜的38元的理发，因为这样不仅在服务员面前有点儿丢脸，连我自己都会觉得对不起我和我的工作单位"清华大学"四个字。我平时工作那么努力，难道就是为了买东西都买最便宜的吗？于是，我选择了68元的。

五道口的这家理发店和清华门口的那家理发店究竟有什么不同，能让我选择更贵的68元呢？其实，它什么也没做，只是在价格菜单里多加了两档，68元不再是最贵的选项，而是中间的、安全的选项，结果就轻易地影响了我的决策。

这就是著名的消费者决策规律之"折中效应"。1989年，斯坦福大学商学院的伊塔玛尔·西蒙森教授第一次发现了"折中效应"。根据西蒙森教授发现的"折中效应"，当需要在偏好不确定的情况下做选择时，人们往往更喜欢中间的选项，因为中间的选项能让我们感到安全，不至于犯下严重的决策错误。换句话说，人们在进行产品选择时，也倾向于奉行"中庸之道"。

由于"折中效应"的存在，聪明的企业经常利用它来引导消费者选择更高价位的产品，从而提高收入和利润。以苹果公司于2021年推出的iPhone 13的定价为例，当时提供了下面4

个选项：

A. iPhone 13 mini，价格 5 199 元起

B. iPhone 13，价格 5 999 元起

C. iPhone 13 Pro，价格 7 999 元起

D. iPhone 13 Pro Max，价格 8 999 元起

你是不是已经看出来了？是的，苹果公司也在利用"折中效应"。市场数据表明，这 4 款手机中，位居中间（折中）的 iPhone 13 和 iPhone 13 Pro 最畅销。

即使对于其中的同一款手机，苹果公司的定价也仍然采用类似的折中策略。以 iPhone 13 Pro 为例：

A. 128GB，价格 7 999 元

B. 256GB，价格 8 799 元

C. 512GB，价格 10 399 元

D. 1TB，价格 11 999 元

聪明的你是不是看到了"折中效应"的影子？在这 4 款 iPhone 13 Pro 中，内存为 256GB 和 512GB 的两个版本也成为

更受欢迎的版本，因为 128GB 显得内存太小，1TB 又太贵。

汽车生产商也大量采用了折中策略，同一品牌会提供多个级别的不同产品，而同一级别产品还会提供不同的系列产品。以奔驰汽车为例，奔驰的主打轿车产品包括 S 级轿车、E 级轿车、C 级轿车和 A 级轿车。数据表明，价格居中的奔驰 E 级和 C 级轿车销量最高。再以奔驰 C 级轿车为例：

A. 奔驰 C200L 运动轿车，价格 32.52 万元起

B. 奔驰 C260L 运动轿车，价格 34.94 万元起

C. 奔驰 C260L 皓夜运动轿车，价格 36.74 万元起

D. 奔驰 C260L 4MATIC 运动轿车，价格 37.04 万元起

你是不是看到了"折中效应"在奔驰系列轿车里的应用？其他汽车品牌也类似，同一车型总有不同的配置版本。例如，上海通用的别克君越有配置简单的舒适版、雅致版，还有配置较高的豪雅版、豪华版和旗舰版。又如，一汽大众的迈腾同样有标准型、精英型、舒适型、豪华型、尊贵型等多个版本。

折中效应可以应用到许多行业。大约 10 年前，我在清华大学给企业高层上课，班上有一个在北京从事中小学教育行业的学员，做的是"中小学一对一辅导"。一开始的时候，她的

公司只提供两种价位：

A. 普通教师授课：150 元 / 小时

B. 资深教师授课：200 元 / 小时

听过我的课之后，她回到公司和高管立刻开会，最后决定修改价目表，改为提供四种价位：

A. 普通教师授课：150 元 / 小时

B. 海淀区特优名师授课：200 元 / 小时

C. 北京市特优名师授课：300 元 / 小时

D. 全国特优名师授课：500 元 / 小时

6 个月后，这个学生拎着一盒礼物，兴高采烈地来请我吃饭。我问："什么事这么高兴？"她告诉我，折中效应非常有效，增加了 300 元 / 小时和 500 元 / 小时两种价位之后，原来有大约 50% 的父母选择 150 元 / 小时这一档，而现在选择 150 元 / 小时的不到 10% 了，大多数家长都选择 200 元 / 小时和 300 元 / 小时。

由此可见，把折中效应应用到企业的定价策略里可以帮助企业大幅提高利润。而且，引入折中选项的聪明之处还在于，如果只有两种选择，消费者在选择时往往会感到左右为难。这是因为"二选一"往往是最困难的。人们无论选择二者当中的哪一个，都会觉得那是对另外一种的放弃。但是如果引入第三个选项或者第四个选项，其中的"折中"选项就会更具吸引力，很好地化解了选择中的"两难"局面。

渠道策略：如何让产品触手可及？

很多人对渠道有误解，认为渠道就是"中间商赚差价"，并没有什么价值。这种理解当然是错误的。如果没有渠道，企业的产品根本无法到达顾客手里。例如，你现在口渴了，想花2元钱买一瓶农夫山泉矿泉水，但是如果没有便利店、超市等零售渠道，你就无法获得农夫山泉矿泉水。如果你自己去农夫山泉的工厂买，路上来回的费用可能都要花上千元，更不用说要花至少一天的时间了。由此可见，渠道不但为消费者创造了便利的价值，而且为消费者节约了获得产品或者服务的成本。

当然，在电子商务和快递物流越来越发达的今天，企业也可以通过电子商务和快递物流直接把产品交付到顾客手里。假设农夫山泉也开设了电商，但是，如果一个消费者直接向农夫山泉公司买一瓶矿泉水，物流费用估计都比这瓶矿泉水本身贵，而且快递把这瓶矿泉水从农夫山泉的工厂送到消费者手里，至少要花一两天。由此可见，即使是现在，渠道仍然在创造重要的价值。此外，渠道还为企业和消费者提供资金、仓储、售前咨询、售后服务、传递信息等其他重要价值。

因此，尽管我们现在处于电子商务时代，越来越多的企业可以减少对渠道中间商的依赖而进行直销，但渠道中间商仍然不可缺少，包括部分电子商务渠道中间商。以出版社卖书为例。出版社可以直接卖书给消费者，但更多的书往往是通过渠道中间商卖出的，这些中间商包括传统的线下书店，也包括京东、当当等电子商务渠道中间商。

事实上，很多互联网平台本身就是最大的渠道。以美团为例。美团现在已经成为全国餐饮业外卖的最大渠道（美团外卖），同时是电影业的主要渠道之一（猫眼电影），酒店和民宿业的主要渠道之一（美团酒店、美团民宿），超市零售业的主要渠道之一（美团买菜、美团跑腿），等等。

美团成功的秘密是什么？2010年，受美国团购网站Groupon的启发，刚刚步入而立之年的王兴在清华大学门口华清嘉园的一套公寓里创立了美团。如今，美团已经发展成为拥有美团外卖、大众点评、美团酒店、猫眼电影、美团配送、美团民宿、美团单车、美团买菜等一系列业务的大型生活电子商务服务平台。2018年9月，美团在香港证券交易所上市，IPO首日市值高达3 989亿港元。截至2022年7月22日，美团的市值高达1.19万亿港元，在中国所有上市的科技企业里排名第三，仅次于腾讯和阿里巴巴。

支撑美团在过去十多年里奇迹般快速成长的根本原因是什么？美团坚持"消费者第一，商家第二"。作为一个商业平台，美团连接了数以亿计的消费者和数百万个商家。在2018年上市时，美团在外卖市场中的份额就超过50%，以绝对优势占据市场主导地位。在平台的一端，美团年度消费用户多达3.4亿个，这意味着每4个中国人中就有1个在美团上花过钱。在平台的另一端，美团连接着遍布全国的470万个线下商户，包括各种各样的餐厅、酒店、电影院、KTV、美容美发等本地生活娱乐商户。

2020年，新冠病毒肆虐中国并席卷全球，更带来了百年一遇的全球经济大萧条。许多国家为了对抗疫情，都曾经颁布居家令甚至采取封城等措施，导致普通居民在长达数月的时间里无法出门。正是在这样的艰难情况下，美团坚持为疫区和全国亿万消费者提供外卖和超市网购上门配送服务，获得了各界的由衷称赞。2020年3月19日，美团外卖骑手还登上了著名的美国《时代周刊》封面。正如王兴所说的，美团的使命就是"帮大家吃得更好，生活得更好"。

即使是B2B企业，很多也要通过渠道中间商来进行分销。以思科公司为例。思科公司是世界领先的互联网解决方案供应商，2022财年的销售收入超过500亿美元。其中大约14%的销售收入来自思科公司的直销，86%的销售收入来自其在全球160多个国家和地区的28 000多个渠道合作伙伴。思科的销售队伍与渠道伙伴携手合作，服务大型终端客户。渠道伙伴负责本地客户关系、商业方案的制订、咨询公司的援助、产品交付、售后支持及顾客购买的融资。可以说，这些渠道伙伴给思科公司带来了显著的价值。

因此，企业一定要设计好渠道策略。渠道可以成为企业非常重要的竞争优势，中国商界甚至有"渠道为王"的说法。娃哈哈就是这样的典型案例。娃哈哈公司由宗庆后于1987年创立，30余年来，在宗庆后的带领之下，娃哈哈精心编织出了一张覆盖近万家经销商、数十万家批发商、数百万个销售终端的"联销体"网络，如毛细血管般深入全国各地的县镇乡村，使得娃哈哈的产品能在最短的时间内输送至全国各地。2019年夏，我去湖北出差，在武汉机场的休息室里巧遇宗庆后。我和他聊了两句，发现70多岁高龄的他仍在亲自负责这个"联销体"网络，并且亲自到各地去见各级经销商，非常辛苦，由此也可看出渠道对于娃哈哈的重要性。

再以樊登读书为例。作为国内知识付费的头部企业之一，樊登读书的发展非常成功。2013年，中央电视台前主持人樊登创立了樊登读书会，开始投入知识付费的创业。樊登读书会的产品非常简单，主要以365元年费的读书会员为主，一年为会员讲解50本书，会员可以在开车、步行、坐地铁、乘坐公交车等各种场景中听樊登讲书的音频。樊登读书会初期成功的秘密就是渠道。2014年12月，樊登读书会的第一个线下渠道建立，之后各省、市、县等合作中心陆续开启，很快就有了数千家分会性质的各级代理商。2018年，樊登读书会改名为樊登读书；2019年7月，樊登读书的用户数量突破2 000万。在用户数量高涨之后，樊登读书又抓住短视频和直播电商的机遇，成功在抖音、视频号等各社交媒体平台吸引数千万粉丝，并逐渐成为全国各大出版社直播卖书的重要渠道之一。可以说，不论是初期依靠遍布全国的各级线下代理商发展起来，还是后期把自己发展成为全国各大出版社的卖书渠道，樊登读书的成功都和渠道策略分不开。2022年9月，樊登读书的注册用户数量突破6 000万，它成为国内知识付费行业的龙头企业之一。

在渠道决策中，许多线下服务业企业还可以打造直营店、加盟店等各种连锁业态，这对于企业的品牌和规模至关重要。因为在这样的连锁经营渠道策略中，企业主要做的就是从 1 到 n 的复制，而非从 0 到 1 的创新。我经常在清华的企业家课堂上开玩笑说："如果你开了一家餐厅，你可能在社会上并没有太高的地位，只是个体户。但是，如果你能开 1 万家餐厅，那你可能就成了'全国餐饮协会主席'。要知道，现在全国最大的餐厅之一海底捞，也只有大约 1 500 家分店。"

以全球最大的连锁餐厅麦当劳为例。1940 年，理查德·麦当劳与莫里斯·麦当劳两兄弟在美国加利福尼亚州的圣贝纳迪诺创建了"Dick and Mac McDonald"餐厅，这是全球第一家麦当劳餐厅。1948 年，麦当劳兄弟把自己的餐厅变成了一家快餐厅。1954 年，雷·克罗克遇到了麦当劳餐厅。克罗克是一个推销员，他奔波于美国各地，努力推销一种新型的奶昔搅拌机。可以说，此时已经 52 岁的克罗克混得非常不成功。当时，麦当劳餐厅一次性订了 8 台奶昔搅拌机。这个数字震撼了克罗克，因为一般来说，一家餐厅只需要订一台奶昔搅拌机就够了。而当他送货到麦当劳餐厅时，他再次被震撼，因为他看到了一种全新的餐厅形式——快餐厅。克罗克看到麦当劳的顾客大排长龙，觉得这是千载难逢的一个好机会。

于是，经过和麦当劳兄弟谈判，克罗克获得了为麦当劳餐厅拓展连锁经营的代理权限。1955 年，克罗克在美国伊利诺伊州的德斯普兰斯以经销权开设了自己的首家麦当劳餐厅。1961 年，克罗克以当时的天价 270 万美元收购了麦当劳兄弟的餐厅，全力发展连锁经营。在他的带领下，麦当劳成为全球最大的连锁餐厅，克罗克也被誉为"麦当劳之父"。如今，麦当劳遍布全球六大洲的 119 个国家和地区，拥有约 32 000 家餐厅，每天服务顾客 7 000 万人。2021 年，麦当劳的营收高达 232 亿美元，净利润为 75 亿美元。截至 2022 年 7 月 22 日，麦当劳的市值高达 1 878 亿美元，是全球市值最高的餐厅。

传播 / 沟通策略：酒香也怕巷子深

俗话说，酒香不怕巷子深。然而，事实上，酒香也怕巷子深。因为只有在知道该酒馆后，顾客才可能找到深巷子里。这就是传播 / 沟通策略的重要性。企业应该把产品或服务的获益和价值传递给目标顾客，这样才能提高顾客购买企业产品或服务的可能。

1. 传播工具的类别

企业可以选择的传播工具有很多,主要包括以下几类:

(1)人际传播:面对面的人员推销,电话营销/电话销售,服务。

(2)传统的大众传播:传统媒体广告如电视、报纸、杂志、路边广告牌等,以及产品植入、商务展会、公关宣传等。

(3)数字化传播:网站、电子邮件、在线搜索引擎、博客、社交媒体、数字化广告、长视频、短视频、移动营销等。

在今天的商业世界,数字化传播尤其重要。谷歌、Facebook等互联网企业都已超过传统的广告公司,成为全球广告巨头。以全球著名的社交媒体公司Facebook为例。Facebook并非全球第一家社交媒体公司。2004年,当时还是哈佛大学大二学生的马克·扎克伯格创建了Facebook。而早在2003年,社交媒体MySpace(聚友网)就成立了,它在2005年还获得了富豪默多克的新闻集团高达5.8亿美元的现金收购。所以，不论从时间点来看，还是从资金实力来看，Facebook 都落后于 MySpace。那么，Facebook 究竟是如何在竞争中成功超越 MySpace，成为全球第一的社交媒体的呢？

其实，Facebook 成功的秘密无非是扎克伯格更以顾客为中心，更懂人性，更能洞察顾客的需要，并用更科学的方法去做营销。作为哈佛大学的一名学生，他理解很多大学男生的烦恼（没有女朋友），也了解他们的爱好（喜欢看漂亮女生）。因此，扎克伯格给自己创办的社交媒体取名 Facebook，它最早其实是一个女生照片分享网站，男生们可以在一堆女生的照片中给最漂亮的女生投票。这个"照片选美"活动进行了一个周末之久，到周一早晨被哈佛大学校方关闭，因为哈佛大学的服务器被挤爆了。此外，很多女生也反映，她们的照片在未经授权的情况下被使用。扎克伯格为此公开道歉，并且在校报上公开表示"这是不适当的举动"。之后，扎克伯格决定辍学创业。

在哈佛校园爆火之后，Facebook 继续同样的策略，在全美国各大学和中学之中快速发展。2006 年，在天使投资者和风险投资的资助下，Facebook 开始全面推广。慢慢地，Facebook 成为全美最受欢迎的社交媒体，用户可以在他们的 Facebook 页面上更新文章、照片、视频，可以将消息发送给其他用户、朋友等，还可以按照个人喜好发表评论或转发帖子，他们可以玩游戏和加入不同类型的群，群内可以自由发布内容、发送消息。

2006年，雅虎曾正式开出10亿美元的天价欲并购Facebook，却被当时年仅22岁的扎克伯格一口回绝。2007年，微软以2.4亿美元的价格购得了Facebook仅1.6%的股份，那时Facebook的估值就已高达150亿美元了。当时，Facebook已可以通过广告实现盈利。Facebook不仅有海量珍贵的注册用户数据，而且熟知用户个人偏好，广告客户可以使用Facebook的用户数据和消费者偏好数据高效地筛选目标顾客。

2012年5月18日，Facebook正式在美国纳斯达克证券交易所上市。也是在2012年，Facebook以10亿美元收购照片分享社交媒体Instagram（照片墙）；2014年，Facebook以190亿美元收购即时通信社交媒体WhatsApp。到2020年，Facebook及其旗下的Instagram、WhatsApp等社交媒体平台月活跃用户总数超过30亿人，年营业额超过700亿美元。

截至2022年7月22日，Facebook的市值高达4 581亿美元，进入全球市值前十企业之列。扎克伯格仅用了十余年就把Facebook从一个哈佛大学学生照片分享网站发展成全球最大的社交媒体平台，改变了许多人的工作和生活，他自己也因此成为位居全球财富榜前十的富翁和最富有的80后。

2. 传播/沟通中的理性策略和感性策略

诺贝尔经济学奖得主丹尼尔·卡尼曼在其恢宏巨作《思考，快与慢》里提到了人的两种思维方式：理性思维与感性思维。其中，理性思维需要集中注意力，比较慢，但一般比较准确；感性思维则比较快，但可能会带来偏差。其实，我们每个人都有这两种思维模式。换句话说，每个人都是既理性又感性的。举个例子，我们在买车时，可能既会考虑一辆车的安全、性能、座位数、配置等各种理性的因素，也会考虑一些看起来完全和车不相关的感性理由，例如："今年工作这么辛苦，应该奖励一下自己啦！"

因此，在与顾客进行沟通时，企业也有理性和感性这两种不同的策略可以应用。接下来，让我们看看有哪些理性策略和感性策略。

（1）说服顾客的理性策略

· 有力的论据

在营销策略中，企业在与消费者沟通时强调产品的质量、属性、价格等，都是理性策略。

以盒马鲜生与现代牧业联合推出的牛奶面包为例。其包装袋上的广告语"100%纯牛奶打面，不加一滴水"非常引人注目，这个广告强调的是面包品质高，从而吸引了很多注重面包品质的消费者。

类似地，在牛奶行业，很多品牌都聚焦宣传其高品质。例如，优诺牛奶在其包装盒上的广告语"4.0+ 优质乳蛋白"也非常吸引眼球，并在包装盒的另一面进行了详细解释，提到"每100ml含≥4.0g原生优质乳蛋白，蛋白质指标要求高于欧盟标准"。这样的论据，显然会吸引重视牛奶品质的消费者。

- 显示证明技术

企业在说服客户时，可以强调证明技术，包括口味测试、安全指标、权威检测等。例如，很多企业都宣传自己"通过ISO 9001质量管理体系认证""被评为国家级高新技术企业""上榜《财富》全球500强企业""拥有国家发明专利 x 个"等。

- 令人信服的代言人

企业打广告一般都会找代言人。一般来说，代言人和产品并没有什么关系，所以找代言人一般都是感性策略。但是，如果找的是和产品相关的令人信服的代言人，那么就是理性策略。例如，美国GEICO（政府雇员保险公司）用它的大股东巴菲特做代言人，效果就比用好莱坞明星强。要知道，巴菲特正好是金融专家，代言保险这种金融产品自然令人信服。

类似地，医药公司要说服消费者某种药非常有效，最好找知名医生或者医药领域的知名科学家来代言，这样效果会非常好。体育运动员代言蛋白粉等产品，也会获得非常好的效果。

（2）说服顾客的感性策略

•音乐

雀巢公司前 CEO 包必达曾说："我们必须有一个世界通行的营销方法。什么东西可以在不同的人种之间实现没有障碍的共享呢？毫无疑问，是音乐！"

消费者行为领域的研究发现，音乐在认知、情感和行为层面都可以影响消费体验，特别是在零售行业中。音乐可以影响消费者对品牌广告的喜好，也可以影响消费者在零售店铺里的购买行为。当消费者听到自己喜爱的音乐时，他们会在商店里停留更长时间，并且花更多的钱。比起背景音乐嘈杂的商店，消费者更爱在背景音乐舒缓的地方停留。此外，企业还要根据目标顾客来选择音乐。例如，如果一家奶茶店的目标顾客以年轻人为主，那么就应该选择年轻人喜欢的流行音乐；如果一家餐厅以西餐为主，主打国际范儿，那么就应该选择外国音乐为宜。

- **幽默、惊险、感人、真诚的广告**

在营销广告里，幽默、惊险、感人、真诚等都是常见的广告策略，这样的广告容易让消费者喜欢上企业的品牌，从而增加消费者购买产品的可能性。

以奔驰和宝马这两个豪华汽车品牌为例。2016年宝马100周年时，奔驰在社交媒体上说："感谢你与我竞争的100年，在此之前的那30年真的有点儿无聊。"以此暗喻奔驰比宝马的品牌历史还长30年。这则广告非常幽默，也被大量网友自发传播。

无独有偶，2019年，奔驰全球总裁迪特·蔡澈宣布退休，宝马也趁势做了一条"祝贺奔驰总裁退休"的广告。在这条广告的开头，迪特·蔡澈和众人告别，在众人的掌声中和簇拥下，坐上一辆奔驰S级豪华轿车回家，结尾却来了一个大反转：等司机开着奔驰S级轿车离开后，迪特·蔡澈却从自家车库里开出了一辆颜色鲜艳的宝马跑车，彻底放飞了自我……广告这么说道："退休意味着你可以告别过去、拥抱未来……感谢多年以来的竞争！一切顺利之余，也要享受纯粹的驾驶乐趣。"宝马的这条广告非常幽默，引起了全球社交媒体的疯狂传播，而且把宝马与奔驰的差异之处表达得非常清楚——驾驶乐趣。中国网友经常说的"坐奔驰，开宝马"，其实就是奔驰和宝马这两个豪华汽车品牌的不同。

• 名人、明星、美女、帅哥型广告

在营销策略里，名人、明星、美女等也是常见的感性广告策略。不过，在请名人或明星代言时，企业要注意可能带来的副作用。一旦代言企业产品的名人或明星出现丑闻，企业就会受到牵连。因此，在请这些人代言时，企业要充分考虑风险，做好应对准备。

在化妆品行业，请明星或者美女代言、宣传和推广是最经常被使用的广告策略。然而，消费者也容易出现审美疲劳，而且往往会觉得这些明星或者美女离自己太远，或者漂亮得太"假"。联合利华旗下的多芬化妆品就曾经反其道而行之，推出了"真美运动"。多芬推出的一则名为《演变》的一分钟短视频里，记录了一名长相普通的女性如何在化妆师、灯光师、造型师和 Photoshop 修图软件的包装下，成为路边广告牌上美若天仙的超级模特。该视频最后的字幕一语中的："毫无疑问，我们对美的感知已经被扭曲了。一起参加多芬的'真美运动'吧！"这则短视频发布之后立刻引发了网友的热烈传播。事实上，这则视频由于揭示了很多广告中的美女形象都是人工打造的，给广大女性消费者增强了自信，也就难怪受到女性消费者的喜欢了。多芬品牌因此被大量网友免费推广，其化妆品销量也快速上涨。

• 广告重复

在营销策略里，重复也是一种感性广告策略，这样可以增加曝光率，更容易使消费者对品牌产生好感，从而提高消费者购买产品的可能性。

然而，如果广告重复次数太多，就可能引起消费者的反感。2008年，恒源祥成为北京奥运会赞助商，投放了一条长达1分钟的电视广告。广告中，由北京奥运会会徽和恒源祥商标组成的画面一直静止不动，画外音则从"恒源祥，北京奥运会赞助商，鼠鼠鼠"，一直念到"恒源祥，北京奥运会赞助商，猪猪猪"，将中国十二生肖轮番念过，简单的语调重复了12次。这条广告播出之后，网民恶评如潮。如果从知名度的角度来看，消费者应该都记住了恒源祥这个品牌。然而，如果光有知名度，却被广大消费者讨厌，那么就很难将知名度转化为实实在在的销售订单（想想在三聚氰胺事件之后倒闭的三鹿奶粉，这个品牌家喻户晓，但还会有消费者愿意买三鹿奶粉吗？），更不用说美誉度了。

• 赞助、慈善

在营销策略里，赞助体育比赛、进行慈善捐赠等也都是感性策略，这样可以增加消费者对企业的好感，从而增加消费者购买产品的可能性。以著名的凉茶企业加多宝（当时红罐王老吉凉茶品牌归加多宝运营）为例。2008年5月，在造成6.9万余人死亡的汶川大地震发生之后，加多宝向受害者及其家属捐赠1亿元，是国内当时最高的捐赠额。此次捐赠活动广获赞誉，网上出现了"要捐就捐1个亿，要喝就喝王老吉"的口号，该口号被疯狂转载，提高了加多宝和王老吉凉茶在国内的知名度。2010年4月，玉树地震发生后，加多宝又捐赠1.1亿元，再创国内捐赠额新高。加多宝的公益活动不仅强化了王老吉凉茶的品牌声誉，也促进了销售增长。

2021年7月，河南发生了特大洪涝灾害，造成302人死亡。当时，鸿星尔克捐赠了5 000万元物资。得知此事之后，网友纷纷转发消息："鸿星尔克2020年巨亏，却捐出5 000万元驰援灾区。"该消息经传播后在各大平台发酵，"鸿星尔克的微博评论好心酸"等相关话题登上社交平台热搜榜单，话题热度一度升至第一。之后，鸿星尔克的淘宝直播间涌进大量粉丝，有超过200万人参与扫货，上架一款抢空一款。即便当时鸿星尔克的两位主播劝说观众不要冲动消费，也仍然无法阻挡粉丝们对鸿星尔克的支持。

- **强调论据的数量而非质量**

在经典的营销策略里，强调论据的数量而非质量也是一种感性策略。例如，克莱斯勒旗下的道奇汽车曾经在报纸上登了一整版广告，标题是"购买道奇汽车的109个理由"，然后在整版广告里列出了这109个理由。尽管大多数人根本不会去仔细看这些理由分别是什么，但这则广告的说服力很强，因为很多人都会想："有这么多理由去买这个牌子的车，那它一定是好车！"

在中国市场，奥妙洗衣粉的广告语是"奥妙洗衣粉，去除99种顽固污渍"，并且包装上列出了99种污渍分别是什么。尽管大多数人根本不会去仔细看这些污渍分别是什么，但这句广告语的说服力也很强，因为很多人都会想："能去除99种污渍，那奥妙洗衣粉的去污能力一定强！"

企业在使用论据数量这种传播/沟通策略时，要注意这种策略背后的前提，那就是论据数量要有可信度。在上面两个案例中，道奇汽车的整版报纸广告上列出了109个理由，奥妙洗衣粉也在包装上列出了99种污渍。尽管大多数人不会去仔细看购买理由和污渍具体有哪些，但他们心里都会相信。

然而，有些企业在模仿这种策略时只是照猫画虎，只学习了论据数量的策略，而忽略了可信度这个前提。例如，蒙牛公司曾经推出真果粒牛奶饮品，用的广告语是"喜欢蒙牛真果粒的9亿个理由"。然而，这句广告语的可信度明显不高，显然不可能有9亿个理由。事实上，蒙牛指的是真果粒的销量超过9亿瓶，但把它说成9亿个理由显然非常牵强。由此可见，可信度非常重要，如果没有可信度，论据数量这种传播/沟通策略就很难获得成功。

3. 中小企业没有广告预算，该如何进行传播/沟通？

如今，社交媒体的存在使得中小企业即使没有大量预算也可以做好传播/沟通。举个例子，美国得克萨斯装甲制造商TAC的主要产品是防弹玻璃。该公司研发的防弹玻璃质量非常好，但是如何让产品广为人知呢？该公司创始人想了一个办法，自己亲自代言产品，并且为了证明产品的质量，他自己坐在防弹玻璃后面，请一个员工拿着AK-47机枪对着防弹玻璃射击。结果，防弹玻璃成功挡住了子弹，创始人毫发无损。这则短视频被传到网上后，立刻在社交媒体上疯传起来，这家公司的防弹玻璃立刻名声大振，广为人知。

美国有一个榨汁机品牌叫Blendtec。为了说明自己的榨汁机品质高，该公司拍了一则视频，把一部iPhone放到Blendtec榨汁机里搅拌。结果，iPhone被无情绞碎。随着这则短视频在社交媒体上的疯狂传播，Blendtec榨汁机强大的搅拌能力也广为人知，销量大增。

在中国，江小白也是通过社交媒体进行传播的典型代表。2011 年，在金六福酒厂工作了十年的陶石泉创建了"江小白"这款"年轻人的白酒"，并在短短几年里从成百上千个白酒品牌中突围而出。在江小白之前，中国年轻人并非各大白酒品牌的目标客户（传统白酒的目标客户都是中年男性），传统白酒的口味（辣和烈）以及背后的文化（求人办事的关系文化）都不被年轻人喜欢。那么，江小白究竟靠什么获得年轻人的喜欢呢？核心就是江小白瓶身上的独特文案引起了年轻人的共鸣。例如，"世上最遥远的距离是碰了杯，却碰不到心""我在杯子里看见你的容颜，却已是匆匆那年""我把所有人都喝趴下，就为和你说句悄悄话"等个性化文案，无一不成功撩拨起年轻人的情绪，结果就自然引起年轻用户在社交媒体上的广泛传播。正是由于大量用户这样的自发传播，江小白这家初创企业也很快销量大涨。江小白在成立后的第二年，就达到了 5 000 万元的营收规模。2017—2019 年，江小白的年营收分别突破 10 亿元、20 亿元、30 亿元，在小瓶白酒市场中，江小白的市场份额一度超过 20%。

在当今中国，抖音、快手、视频号等短视频社交媒体非常发达，这也是广大中小企业和创业者打造企业品牌或者个人品牌的福音。例如，1990年出生于四川绵阳的李子柒，早年经历坎坷，14岁便不得不辍学外出打工。2015年，受当时大火的"Papi酱"启发，李子柒开始拍摄美食短视频，但前两年成绩比较黯淡。2017年，李子柒拍的一则用古法工序做兰州拉面的视频意外火了，从此她的古风美食视频红遍国内外，被誉为"家乡的味道"和"中国的味道"。李子柒创立的个人品牌从此广为人知，她获得了国内外许多荣誉：2019年，获得《中国新闻周刊》"年度文化传播人物奖"；2020年，入选《中国妇女报》"2019十大女性人物"，并当选为第十三届全国青年联合会委员；2021年2月2日，以1 410万的YouTube（优兔）订阅量刷新了由其创下的"YouTube中文频道最多订阅量"的吉尼斯世界纪录；2022年6月，李子柒获2021"中国非遗年度人物"称号。

后记

中国企业需要什么样的营销？

我曾经在《清华管理评论》上发表过一篇题为"中国企业需要什么样的营销？"的文章。在这篇文章里，我提出，真正的营销是一个科学的、严谨的过程，强调通过科学的理念和方法来吸引顾客和保留顾客，强调顾客价值、满意度、忠诚度。对中国的企业来说，当前迫切需要改变过去对营销的片面理解，用科学的营销理念和方法来武装自己，关注长期利益，而不应急功近利。

企业不进行科学营销的代价

营销如果不讲科学，结果会怎么样？我们不妨来看一下霸王洗发水和霸王凉茶的案例。

广州霸王化妆品有限公司成立于1989年，在相当长的一段时间里不为人知。2005年，霸王旗下的霸王洗发水异军突起，成功地在中国洗发水市场上占据一席之地。那么，霸王洗发水是如何突然成功的呢？

在洗发水市场上，《财富》全球500强中的宝洁公司和联合利华公司分列全球第一和第二。然而，再牛的企业也不可能把市场全部占据。我们知道，消费者有不同的利益追求。中国人的头发是黑的，当年龄变大的时候，黑发就会慢慢开始变灰、变白。所以，怎样保持黑发成为中国消费者的一个独特需要。

这时，霸王公司看到了机会。因为中国人喜欢黑发，于是霸王公司就在中药药典里寻找配方，最后找到了一种神奇的中药——首乌——作为洗发水的成分。顾名思义，"首"是头，而"乌"是黑，"首乌"就是"头发黑"的意思。你不得不佩服中文的博大精深，要想头发黑，找不到比"首乌"更好的了。所以，霸王公司推出霸王首乌黑发洗发水，并请来国际巨星成龙做代言广告，立刻取得了巨大的成功。

当时，霸王品牌的定位"中药世家"也做到了家喻户晓，非常成功。2009年7月3日，霸王集团在香港上市。2009年，霸王集团的营业额达到17.56亿元，市值高达180亿元。

2010年，霸王集团却犯下了一个致命的错。当时，号称"中药世家"的霸王集团竟然宣布推出凉茶产品，命名为霸王凉茶，并聘请甄子丹代言，在江苏卫视、湖南卫视等全国各大卫视大打广告。然而，霸王凉茶很快就成为笑柄，2012年的营收仅为1 758.3万元，2013年上半年的营收更是只有79万元。2013年7月1日，霸王集团终于在无奈之中决定停止生产销售霸王凉茶。

你喝过霸王凉茶吗？如果你没有喝过，那就对了——正因为大多数人没喝过霸王凉茶，霸王凉茶才失败了。为什么霸王凉茶会失败？很多消费者想到要喝霸王凉茶，就会不由自主感觉到一股淡淡的洗发水的味道。显然，霸王集团在一个问题上出现了重大失误——品牌延伸。在营销科学中，品牌延伸有个基本常识：企业可以把同一个品牌用在不同的产品上，但是有一个前提——品牌延伸的不同产品必须有匹配度。如果没有匹配度，那么品牌延伸反而可能会起负面的作用。在霸王洗发水和霸王凉茶这个案例里，很明显，洗发水和凉茶是没有匹配度的。

霸王集团为什么会犯这样一个低级错误呢？当时，加多宝的王老吉凉茶在中国市场上非常成功，于是霸王集团就模仿推出了自己的凉茶产品，也希望在凉茶市场上分一杯羹。王老吉凉茶的主要成分是包括金银花、夏枯草在内的三花三草，都是中药。而定位"中药世家"的霸王品牌充分找到了自信："王老吉凉茶靠中药做凉茶获得了成功，霸王品牌正好是'中药世家'，做凉茶一定也会成功！"

于是，霸王集团就这样轻率地推出了霸王凉茶。这个决策真的是太悲哀了，但凡霸王集团的老板身边有一个懂营销科学的人，都能够避免犯下这样一个天价错误。因为霸王这个品牌已经跟洗发水紧密地联系在一起了，这时突然去做凉茶，消费者会很容易联想到洗发水。这种情况下，霸王凉茶能有市场吗？

霸王凉茶的失败给霸王集团带来了灾难性的后果。在香港股市，股价低于1港元的股票被称为"仙股"，这种股票一般不会有什么交易量。霸王集团的股价自2012年3月28日起便一直低于1港元，其股票已沦为仙股10年之久，仅剩下一个空壳。

同样的错误，一直在重复

霸王凉茶的这个教训，真是血的教训。遗憾的是，类似的错误，一直在中国很多企业和企业家身上重复，包括许多著名的企业家。

以智能手机领域为例。很多企业家在别的领域做得很成功，却都喜欢跨界来做智能手机，并用同一个品牌进行品牌延伸，结果由于企业家的过度自信而忽略了跨界的风险。

例如，贾跃亭创立的乐视网曾经在影视、娱乐、体育领域做得非常成功，2010年在国内创业板上市，2015年市值高达1 700亿元，是创业板市值最高的企业。当时，贾跃亭是国内著名的明星企业家之一，经常和马云、马化腾等同台论道。然而，2014年，贾跃亭决定跨界进军智能手机和电动汽车领域。2015年，乐视推出第一代乐视智能手机，斥资超过30亿元收购酷派手机，并成立乐视汽车公司。同年，乐视宣布投资易到用车，获得后者70%的股权，成为易到用车的控股股东……然而，这样的烧钱速度很快导致乐视遭遇资金危机，乐视手机也于2017年停产。2017年，贾跃亭前往美国，他承诺的"下周回国"成为笑料，而他直接持有的乐视网股份被全部冻结。2019年，贾跃亭在美国申请破产重组，并于2020年获得美国法院通过。2020年7月，乐视网股票被深圳证券交易所摘牌，曾经高达1 700亿元的市值灰飞烟灭。

在智能手机领域，除了贾跃亭，号称"空调一姐"的董明珠也犯过类似的错误。2015 年，格力空调董事长董明珠宣布推出格力手机。甚至，在推出格力二代手机时，董明珠还把自己的照片作为格力手机的开机页面。然而，格力手机根本没有获得市场和消费者的认可，因此沦为笑柄。我在全国各地讲课时都会问学生：有谁用过格力手机吗？结果，几乎从来没有人见过格力手机。类似地，大名鼎鼎的"红衣大炮"、360 公司董事长周鸿祎也犯过同样的错误。360 是一个杀毒软件，周鸿祎却过度自信，决定做 360 手机，最后也被迫承认失败。

由此可见，企业如果不进行科学营销，那么即使是成功企业和明星企业家，也很容易犯下大错。而如果你是初创公司的创业者或者中小企业家，那就更需要学习科学营销的方法和体系。

企业该如何进行科学营销？

那么，企业如何才能做到科学营销？首先，企业必须建立以顾客为中心的营销理念。其次，企业需要洞察顾客的心理和行为。最后，企业需要掌握并运用科特勒科学营销的体系和方法。

举个例子，日本有家企业叫任天堂（Nintendo），主要产品是游戏机。如果你问家长，是否愿意购买游戏机给他们的孩子，你会发现大多数家长不愿意，第一，如果孩子天天玩游戏机，通宵达旦入了迷，那么孩子的学习肯定受影响；第二，如果孩子天天在家里躺在床上或者趴在桌子上玩游戏机，他们还会出去运动吗？不会。游戏机会影响孩子的健康和学习，因此全世界的家长都不太喜欢游戏机，尽管游戏机确实能够给孩子带来快乐。

在这种情况下，营销应该怎么做？低水平的营销不从顾客需要的角度出发，不对产品本身进行改进，而只是想方设法通过广告来告诉消费者某款游戏机有多棒。很多游戏机公司通常的做法就是做广告，在电视等媒体上到处打广告，甚至找明星代言，设计出各种广告口号，例如标榜自己是"游戏机中的战斗机"等，吸引消费者购买。尽管这些游戏机公司花很多钱在广告上，但不太有效。因为广告口号可以朗朗上口甚至家喻户晓，但是家长购买游戏机的顾虑仍然没有消除。

在科学营销理论的指导下，任天堂通过营销部门与研发部门的密切合作，开发出了一款既不影响健康也不影响学习的游戏机。2006年，任天堂在日本首先推出了运动型体感游戏机Wii。消费者在玩这个游戏的时候，手里拿的是一个体感遥控器，需要真正运动起来：比如打篮球，你做一个投篮动作，屏幕中的游戏人物也会做相应的投篮动作；又比如打乒乓球，你做一个扣杀的动作，屏幕中的游戏人物也会做相应的扣杀动作。除此之外，还可以用 Wii 游戏机玩网球、羽毛球、高尔夫球、拳击、击剑、滑水甚至驾驶飞机等各种运动游戏。

我们从中可以看到任天堂 Wii 游戏机给消费者带来的巨大好处。首先，在大多数城市，寒冷的冬季、炎热的夏季都不太适合户外运动，即使在适合运动的春秋季，也可能由于下雨、刮风等天气而无法去做户外运动，甚至，即使没有下雨刮风，也可能由于雾霾等空气污染原因而无法出去运动。另外，由于上学等原因，孩子们在工作日白天也几乎没有时间去运动。而任天堂告诉你，它的 Wii 游戏机能够把运动带到你家的客厅里，孩子在家里玩这款游戏机的时候，是真的在运动，不但不影响健康，还能促进运动、增强体质。而且这是一款运动型游戏机，所以孩子并不会上瘾，不影响学习。大家想想看，面对这样一款游戏机，家长还会有购买的障碍吗？

除了促进孩子的运动之外，Wii 游戏机还带来另一个好处，那就是促进家庭里的亲子关系。Wii 游戏机允许多人对战，两个人、三个人或者四个人都可以对打，一家人最多可以买四个遥控手柄互相进行对战。大家想想看，如果是两个人对战，大多数孩子会找谁当对手？孩子们只要想到运动比赛，通常第一选择都是找父亲一起参加。因此，Wii游戏机还能够让父子、父女之间的感情加深。亲子关系是很多父亲平时的痛点，因为母亲通常和孩子有着更紧密的关系。现在，有了Wii游戏机，父亲们的机会来了，至少在陪孩子玩游戏这件事情上，孩子们的第一选择往往是父亲。

这样一款游戏机，家长们购买起来自然没有障碍。任天堂Wii游戏机出现后，迅速博得了大量家长的青睐并开始流行。很多家长看到朋友家里的Wii游戏机之后，立刻也主动购买这款运动型体感游戏机送给自己的孩子。几乎全部靠口碑传播而无需广告，任天堂Wii不断打破游戏机的销售纪录，在市场上经常供不应求，销量远远领先于当时的竞争对手产品索尼PS3和微软Xbox 360。甚至，消费者必须提前一到两个月订货才买得到。从2006年11月发布到2013年7月，短短6年多，任天堂Wii的全球累计销量就突破1亿台大关，创造了全球游戏机行业的新纪录。

由此可见，掌握科学营销的思维，对企业来说非常重要。

看待营销的 4 个不同视角

最后，我想和大家分享一下菲利普·科特勒提出的看待营销的 4 个不同视角。

1. 1P 视角

99% 的人都把营销看作推广，也就是菲利普·科特勒所说的 1P 视角。确实，正因为如此，如果一个企业或者个人的微信号被认为是所谓的"营销号"，那么很多人就会不愿意加这个微信号。甚至，很多父母都反对孩子去商学院读市场营销的本科，因为他们误以为市场营销专业就是培养推销员，而他们都不愿意让自己的孩子成为他们讨厌的那种推销员。不过，一旦他们知道全球 90% 的企业 CEO 都是营销出身，他们可能就不会这么想了。

2. 4P 视角

在读完这本书后，你一定已经知道营销不仅是推广这一个 P，还包括另外 3 个 P，也就是产品、定价和渠道。可以说，你如果知道营销包含4P，就已经打败社会上99%的人了。不少中小企业主也不知道这一点，因为他们经常说的就是："我们公司的产品特别好，但是不会做营销。"他们所说的"营销"其实指的是"推广"。事实上，如果对照4P营销框架的话，他们就会很容易发现自己公司在哪些方面需要提高。例如，大多数中小企业不仅在推广上缺乏资金，也缺乏渠道，同时在价格上不一定有优势。毕竟，大型企业大都采用了迈克尔·波特所说的成本领先战略，并且由于其大规模生产，所以非常容易有成本优势和价格优势。

3. STP 视角

在读完这本书后，你会知道营销不仅包括4P，还包括STP，恭喜你，你已经掌握科特勒科学营销体系的主要内容了。对广大中小企业来说，要想在和大型企业的竞争中找到自己的市场机会，STP是最重要的武器。因为，市场细分是发现全新市场机会的金钥匙。不管大型企业多牛，总有一些顾客的需求无法得到满足。在进行充分的市场细分之后，中小企业可以选择一个大型企业无法很好满足需求的细分市场作为目标市场，提供充分差异化的产品和服务，这样就容易在竞争中获得一席之地。

4. ME 视角

近年来，菲利普·科特勒一直大力倡导"无处不营销"（marketing everywhere，首字母缩写为 ME）的理念。在每一家企业里，营销不仅是市场部门的职责，而且和所有部门都密切相关。一个行政部门的保安看起来和市场部门没有任何交集，但保安和顾客的体验密切相关。2021 年，上海银行的一个 VIP 私人银行客户就因为和银行保安之间的不愉快，决定当场从银行一次性取走 500 万元现金。如果有更多的 VIP 私人银行客户这样做，这家银行还能生存下去吗？一个财务部门的会计看起来也和市场部门没有任何交集，但财务部门和顾客的体验也密切相关。如果顾客要求开发票，财务部门说要等到下个月月初才能开发票，恐怕很多顾客就不愿意再光顾了。因此，企业对其每一个部门都需要普及"以顾客为中心"的营销理念。因为顾客不仅是服务的对象，更是企业收入的来源——可以这么说，每一个员工的工资并非老板发的，而是顾客发的。一家企业只要失去顾客，就会立刻破产，所有员工也会立刻失业。遗憾的是，大多数企业员工都没有这样的理念，而是"脸对着老板，屁股对着顾客"。

结语

作为一位传播科特勒科学营销体系的营销学者，我衷心地希望，企业家和企业高管读者们在读完这本书之后，能够真正掌握科特勒科学营销体系。只要越来越多的中国企业开始真正奉行以顾客为中心的营销理念，以合适的价格为顾客提供优质的产品和服务（想想看，我们现在确实还有很多产品的品质不如国外的产品，价格却比国外高），中国消费者就一定会越来越幸福，中国企业也一定会越来越强。可以说，等到全球消费者都希望来中国购买各种产品，中国的企业能够开遍全球时，中华民族才真正屹立在世界民族之林的最高处。

同时，我也衷心希望，即使你不是一个企业家或企业高管，你也能够把营销思维、理念和方法应用到自己的日常生活和工作中。如果你能够好好应用"以顾客为中心"的营销思维、理念和方法，能够经常设身处地为别人着想，你一定会获得更多人的欢迎，也会获得更大的影响力和成功。

不论是企业还是个人，让我们一起努力！

参考文献

[1] 科特勒，凯勒，切尔内夫.营销管理（第16版）[M].陆雄文，蒋青云，赵伟韬等，译.北京：中信出版社，2022.

[2] 德鲁克.管理的实践[M].齐若兰，译.北京：机械工业出版社，2018.

[3] 佩罗特，麦卡锡.基础营销学[M].梅清豪，周安柱，译.上海：上海人民出版社，2000.

[4] 里斯，特劳特.定位[M].邓德隆，火华强，译.北京：机械工业出版社，2017.

[5] 波特.竞争战略[M].陈丽芳，译.北京：中信出版社，2014.

[6] 卡尼曼.思考，快与慢[M].胡晓姣，李爱民，何梦莹，译.北京：中信出版社，2012.

[7] 塞勒，桑斯坦.助推[M].刘宁，译.北京：中信出版社，2018.

[8] 泰勒."错误"的行为[M].王晋，译.北京：中信出版社，2016.

[9] LEVITT T. Marketing Myopia[J]. *Harvard Business Review*, 1960.

[10] 凯普，柏唯良，郑毓煌.写给中国经理人的市场营销学［M］.刘红艳，施晓峰，马小琴等，译.北京：中国青年出版社，2012.

[11] 郑毓煌，苏丹.理性的非理性［M］.北京：中国友谊出版公司，2022.

[12] 郑毓煌.营销：人人都需要的一门课［M］.北京：机械工业出版社，2016.

推荐语

学术界推荐语

国内外名校教授

市场营销既是一门艺术,也是一门科学。在《科学营销》里,郑毓煌教授浓缩、精练了市场营销的主要概念和理论,详细描述了评估和分析营销决策的科学方法,并通过大量有趣的国内外实战案例展示了科学营销的力量。这本书也是对"现代营销学之父"菲利普·科特勒的百万字经典著作《营销管理》的凝练总结和补充,强烈建议把它和《营销管理》一起读。

——**苏尼尔·古普塔,**
哈佛商学院 Edward W. Carter **讲席教授**

郑毓煌教授的《科学营销》提供了一份对市场营销学科的开山鼻祖菲利普·科特勒的百万字经典著作《营销管理》简洁而又充满洞察的总结,并对大量的国内外实战案例进行了深度解析,这本书无疑将对中国企业利用科学的营销战略持续发展壮大提供极大的贡献,我强烈推荐它!

——**罗伯特·伯格曼,**
斯坦福大学商学院 Edmund W. Littlefield **讲席教授**

在当今商业化的社会里，很少有人能忽视营销，更少的人承认不懂营销。一时间，在蓬勃发展的营销行业，武林高手云集，各自身怀绝技，出手高招。但营销是一门洞察市场环境、影响客户行为、制定竞争战略的科学，营销人不能只求热闹，不懂门道，靠偏方小计驾驭市场。郑毓煌教授的《科学营销》一书，师承正宗，弘扬科学，惠及大众，可谓雪中送炭，值得一读！

——**张忠，沃顿商学院** Tsai Wan-Tsai **讲席教授**

郑毓煌教授融合 20 多年的教研实践经验，将磅礴的营销管理理论凝练成一套简美而完整的框架，再佐以中外的经典案例和前沿探索，将此框架阐释得淋漓尽致、深入人心。如果你希望在商场"不战而屈人之兵"，或在人海中科学展现自我，那么我强烈推荐阅读此书。

——**张娟娟，麻省理工学院斯隆管理学院** John D. C. Little **讲席教授**

郑毓煌教授的《科学营销》是对众多西方经典营销著作的重要补充。郑教授不仅精通西方的营销理论和实践，也对中国企业所处的环境及其实践有着深入的洞察，因此，《科学营销》可谓中西合璧，是所有想学习市场营销的中国读者的一本必读书。

——**诺埃尔·凯普，**
哥伦比亚大学商学院 R. C. Kopf **讲席教授**

《科学营销》一书由极具才华和洞察力的清华大学博士生导师郑毓煌教授用其 20 多年的教学、研究和实践凝练而成，是中国读者学习营销的必读书。在这本简洁精练的著作里，郑教授概括了科学营销体系的核心原则和步骤，并通过大量中国和国际的企业实战案例进行了富有创造力的深度分析。我强烈推荐这本书，每个企业家和营销人不可不读！

——冉·凯维兹，
哥伦比亚大学商学院 Philip H. Geier Jr. 讲席教授

郑毓煌教授的重磅作品《科学营销》直击要害，说是营销界众多著作的"牛眼"亦毫不为过。"现代营销学之父"菲利普·科特勒的百万字巨著《营销管理》是全球营销界的经典，但主要采用美国案例，并且确实太厚，很难读完全书。《科学营销》把科特勒科学营销体系的核心步骤进行了提炼，并用大量中国本土的案例进行了深度解析。这本书对每个（有抱负的）中国营销人来说都是一本必读书！

——扬-本尼迪克特·斯廷坎普，
北卡罗来纳大学凯南商学院 C. Knox Massey 讲席教授

专业的视角、通俗的文字、贴近生活的案例，这本书将科特勒营销思想与体系做了极简浓缩，既有系统性和思想性，又有趣味性和可读性！

——**符国群，北京大学光华管理学院教授、中国高等院校市场学研究会会长**

菲利普·科特勒的《营销管理》自 1967 年问世以来，一直是全球最畅销的营销学教科书，至今无出其右。然而，这本教材对时间稀缺的广大企业管理者来说，最大的痛点就是因篇幅宏大而难以通读。我的同事郑毓煌教授的《科学营销》直击该痛点。该书系统归结了科特勒科学营销体系的核心模块，同时也加入了许多国内外实战案例。其特点是淘沙炼金、取精用宏，言简意赅、要言不烦，非常适合企业管理者阅读。

——**胡左浩，清华大学经济管理学院教授、中国高等院校市场学研究会副会长**

推荐语

郑毓煌教授的《科学营销》，提纲挈领，却没有放过任何重要概念；高屋建瓴，同时解析了许多知名案例；极简体系，又融入了作者关于营销科学的创见。它的确是你在进入营销科学这座恢宏殿堂时应该手持的导航图和指南书。

——**蒋青云，复旦大学管理学院教授、**
中国高等院校市场学研究会副会长

营销是一个既古老又与时俱进的话题，它不仅可以帮助企业家更好地为顾客创造价值，也可以帮助每个人识别、创造和传播自身想要传递的价值。如何科学地理解营销？郑毓煌教授在《科学营销》这本书中用通俗易懂的文字和案例，深入浅出地诠释了经典的科特勒营销理论，相信会让你从中受益匪浅。

——**朱睿，长江商学院市场营销学教授、**
ESG 及社会创新中心主任

科特勒教授的《营销管理》一直被奉为营销管理类的宝典。要把这样的宝典浓缩成精华是一件非常具有挑战性的事。郑毓煌教授的《科学营销》成功地完成了这个挑战。不管你是否从事营销工作，作为企业的高管人员，这本书都应该成为你的指南！

——**王雅瑾，中欧国际工商学院市场营销学教授**

营销大师菲利普·科特勒有经典巨著《营销管理》，可惜太厚，耐着性子读完它，对很多人来讲确实是一个挑战。郑毓煌教授深刻洞察了这一市场需求，因此才有了《科学营销》。书是小书，却有大格局；篇幅虽短，体系却完备；文风活泼、示例鲜活，可以时时打开，值得细细品读。

——**汪涛，武汉大学营销学教授、**
中国高等院校市场学研究会常务副会长

科学营销极大地影响企业或组织的可持续竞争力和创新发展前景。在当今时代，科学营销应该成为人人掌握的商业常识，更要成为企业家深刻领悟的专门体系。清华大学的郑毓煌教授把他在中美顶级学府 20 余年的修炼融入《科学营销》，以极简又生动的笔触，带给读者崭新的学习体验。

——**何佳讯，华东师范大学亚欧商学院中方院长、**
战略品牌管理新理论体系创立者

数字经济时代的市场研究与运作，越来越需要科学营销范式！《科学营销》将带你开启高效科学的市场营销之门。

——**王永贵，首都经济贸易大学副校长、教授**

市场营销在当前中国企业高质量发展的道路上扮演着越来越重要的角色。尽管科特勒营销体系一直以来都是营销教学的主要依据，但是由于市场情境不同、对营销的认知水平起点不同，加之版本内容叠加和教材翻译问题，所以时至今日，产业界对市场营销学的真正掌握度仍然不高，甚至很多"品牌策划"行为严重背离市场营销学的核心理念，导致全国上下对市场营销的态度极为暧昧——一方面迫切需要有效的营销手段，另一方面却将营销"污名化"，不愿意公开谈论和扶持发展。郑教授的这本书，我通读得畅快淋漓，它聚焦于科特勒营销体系的核心，还原了其本质面貌，并且通过对一个个鲜活案例进行恰到好处的剖析，让不同认知阶段的读者都能够在短时间内掌握科学营销的理论逻辑、知识架构和使用方法。这是一本真正意义上的科学营销的布道书。

——**王小毅，浙江大学 MBA 教育中心主任、管理学院教授**

简而言之，营销就是"营于思、销于行"，思前销后、因势利导。《科学营销》既启发"思",又指导"行";既有系统的科学理论体系阐释,又有恰当的中外案例解读;既有知名大师奠基的框架结构,又有睿智作者讲述的主旨叙事。它特别适合职场中的"终身学习者",特此推荐!

——**韩顺平,南京大学商学院营销学教授、
南京大学终身教育学院院长**

恭喜郑毓煌教授的力作《科学营销》出版,该书用生动的语言和鲜活的案例解释了营销与科学结合的强大力量,并提出了营销科学时代的新热点和新趋势,无疑是一本追踪新理论和指导企业新实践的佳作。

——**杜建刚,南开大学商学院教授**

郑毓煌教授的《科学营销》给我一种强烈的感觉,那就是郑老师把读者请进了一间安静的咖啡屋,大家边喝咖啡边听郑老师讲营销,他讲得亲切、随意,而又让人舍不得分神。郑老师用通俗的语言和严谨的逻辑把深刻的营销理论和方法融入国内外企业案例、郑老师的生活经历或者某种生活场景,启迪人生,激荡心灵,改变观念。读者看得懂,知道怎么做。

——**牛永革,四川大学商学院市场营销与电子商务系主任、教授**

一直以来,营销被一些人认为是无师自通的一种知识,也被一些人污名化为一种"骗术"。感谢郑毓煌教授推出力作,将科特勒教授厚厚的权威教材《营销管理》进行了极简化和通俗化,大大促进了经典营销知识的普及,为营销做了极好的正名!透过《科学营销》这本书,我们既能在很短的时间内把握科学营销的理论要点,又能了解到非常有趣和有用的案例故事,从而感受到营销知识的价值和魅力。请开启愉悦的阅读之旅吧。

——**周志民,深圳大学管理学院副院长、教授**

企业界推荐语

上市公司领导者、企业家和企业高管、知名投资人（按推荐人姓氏拼音首字母排序）

我一口气读完了郑毓煌教授的《科学营销》一书。郑教授以贴近生活、贴近市场的案例，深入浅出地解读了科特勒科学营销的核心模块，营销的本质围绕顾客价值展开、定位的本质是抢占消费者心智等内容使我产生了强烈的共鸣。此书是关于营销活动全流程的指南，对企业家和职业经理人来说是一道回味无穷的佳肴，不妨反复品读！

——**鲍喜涛**，徐福记国际集团制造总部总经理

郑毓煌教授用通俗易懂的语言和鲜活的案例，成功地将一套宏大甚至有些深奥的科学营销体系以极简的方式呈现给读者，大大提升了这套经典营销体系的实施效率，尤其对负责企业传播沟通的同行具有非常实用的价值。

——**董玉国**，企业传播沟通负责人、雀巢大中华区原副总裁

郑教授的《科学营销》以通俗易懂的方式，通过清晰的知识框架体系，结合生动的案例分析，帮你快速建立对科学营销的整体认知，不仅能让你明白什么是"科学营销"，还能让你为自己所从事的工作找到依据，并通过贴近实际的案例激发你的研究热情。营销始终是人与人在打交道，这本书对职场的任何角色都很适用，值得反复阅读和体会，非常推荐！

——**方志忠**，莆田餐饮集团创始人兼 CEO

在营销理论史上，科特勒是一座不可绕过的高山。而营销学作为一门科

学，必然是不断发展的。郑毓煌教授的《科学营销》一书以科特勒营销理论为框架，整合了行为经济学和定位理论的最新成果，采撷国内外鲜活案例，深入浅出，娓娓道来，是企业家和营销人不可忽视的作品。

——冯卫东，天图投资 CEO、《升级定位》作者

向大家推荐郑毓煌老师的《科学营销》。该书是营销经典著作和思想的汇总、提炼和刷新，可以作为了解和学习营销理论框架和体系的入门指南；同时，书中提出的"以顾客为中心"的营销思维不再抽象，而是管理者及职场中各种角色都需要掌握的一种思维方式。书中有大量中外企业的营销案例，既包括经典教科书中的例子，又包含郑老师从多年教学和企业顾问工作中整理出来的鲜活的故事，相信会给读者带来非常多的启发。

——郭洁，微软（中国）企业客户事业部总经理

多年以前，我在美国西北大学凯洛格商学院上过"现代营销学之父"菲利普·科特勒先生的营销课，算是学徒，但很多理解是肤浅的。如今，在多年的商业实践之后，我看了清华大学郑毓煌教授的《科学营销》，感觉像又复习了一遍科特勒的营销课，它简明扼要，却醍醐灌顶，我再次感受到了理论和实践相结合的力量。强烈推荐此书给中国企业界所有需要学习营销的人士。

——郭盛，智联招聘董事长兼 CEO

营销的本质，是让市场更多的潜在消费者认识品牌、接受品牌到购买产品的行为。郑毓煌教授的《科学营销》深入浅出地道出了品牌的力量和市场的营销法则，值得拜读！

——贺学友，阿里巴巴中供铁军前"销售战神"、
畅销书《销售铁军》作者

科特勒营销思想从过去到现在影响了无数人，未来需要把科特勒的《营销管理》变得更简单，让更多人直接、快速地掌握。郑毓煌教授所著《科学营销》融会贯通科特勒大师的思想精髓，中西文化系统性融合，字字珠玑、句句经典、言辞凿凿，内容科学客观，高屋建瓴，案例求真求实，将使广大企业家、企业经营管理者及其他读者产生共鸣，获得深刻的思想互动体验，值得我们细细品读。

——洪杰，三棵树涂料股份有限公司董事长兼总裁

郑毓煌教授的《科学营销》一书最大的贡献是颠覆了我们过去对营销的理解：营销不是推销，而是推销的终结者。该书列举了数十个中外精彩案例，以通俗易懂的笔触，删繁就简地阐释了"以顾客为中心"的科学营销理念。营销在生活中无处不在，该书并非专为商业人士而写，而是为所有期待在生活与职场中有更出色表现的人而写。

——洪忠信，劲霸男装（上海）有限公司董事长兼总裁、劲霸男装股份有限公司总裁

郑毓煌教授的《科学营销》依托经典，化繁为简，结合丰富案例，穿透营销本质，解析市场策略背后的科学支撑，有利于企业运营管理人员高效掌握营销科学。

——郎永淳，到家集团首席公共事务官

作为一个进行了 36 年市场营销实践和传播工作的人，我深感中国企业市场营销人才的短缺。大部分企业家和企业高管都没有系统地学习过市场营销学，难免会犯一些不该犯的错误，有时候甚至是致命的错误。他们因为忙于业务和日常工作，很难拿出大块的时间上课或阅读大部头专业书。《科学营销》这本书恰逢其时，其中的案例生动且具有趣味性，特别适合他们阅读学习。

——兰涛，安捷伦科技中国区前总裁、企业管理和营销顾问

在每个企业都在寻找流量密码，却又困于流量围城的今天，清华大学博士生导师郑毓煌教授溯本求源，以经典的科特勒科学营销理念为核心出版著作《科学营销》，在体系化的思维框架下融入国内外数十个品牌的实战案例，务实凝练、一气呵成，为企业领导者和管理者开辟了一个广阔的视角，值得每位正在致力于构筑品牌护城河、积累品牌资产、撬动增长杠杆的企业管理者，抑或是探索推动百年可持续发展的企业领导者深思细读。

——李厚霖，I Do 珠宝品牌创始人

关于营销对企业或团队的价值，人们的认知中往往有许多误区，许多成功的企业家或企业高管也都有不同的理解。清华大学的郑毓煌教授在他的著作《科学营销》中，从理论高度引导我们对营销科学的体系架构追本溯源，以他本人极为宽阔的国际学术视野和丰富的本土教学科研积累，凝练地将大量中外实战案例融入营销科学的原理和准则，既可以帮助企业决策者和管理者厘清营销作为企业核心竞争力的战略定位，科学决策，精准执行，推动企业顺利发展，也可以启发读者把营销的思维和方法有效运用到个人职业生涯的规划和成长中，取得更大成功。这是一本营销科学的高屋建瓴又深入浅出之佳作，值得强烈推荐！

——李邵建，上海泓科晟睿软件创始人兼 CEO、Autodesk 中国区前董事长及大中华区前总经理

营销是企业的核心，是生死攸关的事情。中国企业太需要科学性、系统性、以消费者为中心的科学营销体系作为指导。对大部分企业经营人士来说，啃国外那些营销大部头专著在时间上、精力上都不现实，而国外专著里的案例跟中国市场又隔了一层。郑毓煌教授的《科学营销》是个极好的工具，让繁忙的国内企业经营人士快速掌握科特勒科学营销体系，深入理解并掌握营

销本质、市场分析、市场战略和营销策略的概念和技巧，更可贵的是书中大量的国内外实战案例，让大家更容易理解和把握在中国市场的科学营销实践技巧。相信《科学营销》会很好地帮助中国企业界进一步提升营销水平。

——林国人，哈药集团股份有限公司总裁

在中国品牌迈向国际化的过程中，郑毓煌教授的《科学营销》是一本非常有借鉴意义的书。营销是对用户的洞察和企业战略的结合，郑教授通过对西方经典营销著作理论进行提炼，结合中外企业的实践案例，让中国企业家和市场营销从业人员更容易理解营销并付诸实施。不管你是想对营销有更深切的理解，还是想知道如何在国内市场、国际市场实践西方理论，这都是一本不能错过的好书！

——林妤真，谷歌亚太区全球客户合伙人

如果说《营销管理》是菲利普·科特勒献给世界的航海图，那么《科学营销》就是郑毓煌教授献给中国企业家的指南针。《科学营销》一书遵循科学研究，为企业管理者梳理营销的基本脉络，并将国内外实践案例生动地拆解呈现。营销决定商业的成败，这本书为我们提供了解决企业营销类问题的科学方法，十分值得企业管理者阅读，能让已经完成"从 0 到 1"的创业者更快地实现"从 1 到 N"。

——柳佳，魔方生活服务集团 CEO

科学的目的是发现各种规律，质疑、独立与唯一是科学精神的三大特点。《科学营销》从科学角度来剖析营销的本质，用逻辑化、定量化与实证化的方法来解读营销实战案例，值得研读。

——罗旭，纷享销客创始人兼 CEO

作为一名创业者，我深切意识到营销的重要性。科特勒先生的《营销管理》是知名的经典著作，然而篇幅宏大，很惭愧，我购买了这本书10多年，一直没能读完。好友郑毓煌教授的《科学营销》，我却一口气读完了，这本著作既包含最重要的营销基本原理，又融合了众多国内外案例，文笔流畅，篇幅简约，非常适合时间紧张又想了解现代营销管理的创业者阅读。

——田范江，百合网创始人

营销首先是关于普遍人性、具体人性、多元人性的价值哲学，其次才是一种基于产品和市场的方法和技巧。从某种意义上说，营销改变世界。然而，大多数中国企业对营销的理解显然比较片面，追求短期利益而非长期利益，追求"术"的五花八门，忽视对消费者的心灵洞察。郑毓煌教授的《科学营销》一书用简洁的语言阐述了市场哲学、市场分析、市场战略、营销组合策略等科特勒科学营销体系的思想精髓，同时通过苹果、特斯拉、华为等几十个国内外商业实战案例对如何应用科特勒科学营销体系做了生动而具体的剖析。这本书是作者20多年传播科特勒科学营销体系的心血和精华，它作为对"现代营销学之父"菲利普·科特勒的百万字经典著作《营销管理》的补充，是企业家和企业高管系统认知营销之道与术的难得佳作。

——田涛，华为国际咨询委员会顾问

市场营销是企业的核心竞争力。如果你想学习营销的话，郑毓煌教授的《科学营销》深入浅出，又结合了大量国内外的经营案例，是了解现代营销体系的最佳入门。

——童之磊，中文在线董事长兼总裁

我一直"追更"菲利普·科特勒先生的经典著作《营销管理》，再读郑毓煌教授的《科学营销》一书，仍觉开卷有益。化繁为简、结构化的知识点，加之大量鲜活的本土实战案例，以及郑教授的深刻解读，让读者更容易理解营销的概念，掌握科学营销的方法。

——王雅娟，小红书首席营销官、新浪微博原高级副总裁

对从事产品及营销工作的人们来说，郑毓煌教授的《科学营销》不仅是一本能够把科学营销讲明白、说清楚的市场营销专业书，更是一本很好的实用工具书。这本书用精练、有趣、易懂的语言阐述了科学营销的本质、核心及内容，同时，它结合数十个营销案例的解析，形象、深刻地揭示和强调了营销的重心及营销的误区。

——韦剑锋，周大福珠宝集团商品管理部总经理

科学营销已经成为企业的核心竞争力，事关企业的存亡。在新市场环境里，科学营销应该成为每个创业者掌握的商业认知。郑毓煌教授把他 20 余年的修炼融入《科学营销》，给企业的营销带来全新的动力。

——吴世春，梅花创投创始合伙人

读过郑毓煌教授的《理性的非理性》一书之后，我毫不怀疑他的下一本书同样会成为畅销书。果然，收到《科学营销》"预览版"之后，我竟一口气就把它读完了。我特别惊叹作者把营销大师科特勒的经典巨著《营销管理》高度浓缩到如此程度而又不失原汁原味的能力。我还想特别提及书中正确的营销理念有益于任何职业的人这一观点。实际上，和郑毓煌教授相处几个小时之后，我就知道他的书如此令人着迷的原因了。

——吴志雄，帝欧家居集团股份有限公司总裁

营销是企业的火车头，无论是多么有创新性的技术和产品，都必须有优秀的营销把它们广泛地商业化，解决用户的痛点，从而推动经济社会的发展和进步，同时引领企业的发展，形成良好的正向循环。郑毓煌教授的《科学营销》可为企业管理者提供很好的借鉴和指导。

——姚纳新，聚光科技创始人

郑毓煌教授做过柳工集团的独立董事，对柳工的营销给予过卓越的指导。这本书有三大价值：（1）在当今繁忙而浮躁的时代，科学营销给企业决策者和营销研发人员提供了快速学习和提升的机会；（2）传统营销学以消费品为主，关于工业品的营销理论和实践不多，这本书对工业品的营销也大有帮助；（3）中国企业正在进入开拓国际市场的新时代，科学营销对中国企业了解学习西方经典主流营销理念、方法和实践大有裨益，有助于快速提升中国企业的国际营销水平。

——曾光安，广西柳工机械股份有限公司董事长兼 CEO

经过几十年的快速发展，中国出现了一大批优秀的企业。然而，与中国制造在全球的巨大影响力形成鲜明对比的是，中国品牌在全球的影响力还有待提高。例如，在全球最知名的头部品牌中，中国品牌还远远落后于美国品牌。因此，中国企业急需提高品牌在全球各国消费者中的接受度和满意度。而要做到这一点，中国企业必须遵循科学的营销之道。清华大学郑毓煌教授的《科学营销》一书不仅介绍了西方的科学营销体系，而且用大量国内外实战案例进行深度解析，可以给中国企业有益的启发，值得一读！

——张宏江，美国国家工程院外籍院士、
微软中国研发集团原首席技术官

作为一名从事营销和大客户销售近 30 年的"老兵",我向你推荐我的好朋友郑毓煌教授的《科学营销》这本书。拿到新书样稿,我迫不及待地一气读完。我常说:"读书要读经典的,营销要学专业的。"这本书便是如此,科特勒的营销理论是经典的,书中的科学方法是专业的。我在清华大学给 EMBA(高级管理人员工商管理硕士)讲课时,选的教材就是科特勒的《营销管理》第 16 版这本百万字巨著。但它对很多从事实战工作的经理人和在职的企业家学生来说有些太厚、太长。郑教授这本书则简洁明了、案例鲜活、接地气,读后对你一定有帮助,所以我向你隆重推荐。

——张坚,思科中国区原副总裁

菲利普·科特勒关于"把营销原理引入企业管理的最前线"的理念,以及依据时代的变迁来修正自己的观点和思想的做法,令国内外企业界深受裨益。郑毓煌教授的《科学营销》一书是把菲利普·科特勒的营销理论同中国国情结合的灵活应用,特别是对我们民营企业来说,市场营销成功与否决定了企业的竞争力和发展前景,这本书是启迪、提升我们的营销思维的教科书,是推动营销创新的实战指南。

——张志雄,北京能源环保投资企业商会会长、
北京立根集团董事长

当今的中国商业社会面临重大转型,每一位创业者和企业家都需要抽离自我,站在外部视角重新审视自己的日常经营决策。正因如此,科学营销已成为每一家长期生存的企业必须具备的一项基本技能。郑毓煌教授的《科学营销》系统地为大家提供了一套完整的科学营销工具,值得拥有。

——赵金彦,威卢克斯(中国)有限公司执行总裁

媒体界、出版界、咨询界推荐语

媒体界、出版界和咨询界等业界专家（按推荐人姓氏拼音首字母排序）

拿到清华大学郑毓煌教授的这本书，我迫不及待地一口气读完，它把科特勒科学营销体系进行了深入浅出的讲述。随着经济的发展，营销在企业中的地位越来越重要，CMO（首席营销官）也成为连接产品、客户、市场的核心，没有扎实的理论基础和对营销的热爱，很难把营销做好。而这本书恰恰在这两个方面都能够对营销人有很好的帮助。

——**班丽婵，CMO训练营创始人兼CEO**

"现代营销学之父"菲利普·科特勒先生曾经说：真正的营销专家是科学家、艺术家和工程师的合体。营销的科学性无疑是十分重要的。在科特勒的《营销管理》第16版隆重上市之际，我非常欣喜地看到郑毓煌教授的《科学营销》同步出版，这是近年来中国商业书中难得的佳作！《科学营销》既保持了科学营销体系的完备性，又照顾到了读者的阅读体验和对真实世界营销的指导性，因此，我强烈推荐这本书！

——**曹虎，科特勒咨询集团中国区总裁**

对很多营销爱好者而言，科特勒的《营销管理》无疑是藏满宝物的山洞，却又可能过于深远厚重，可望而不可即。《科学营销》是郑毓煌老师站在巨人的肩膀上为大家建造的一座通往这个神奇山洞的桥梁。高段位的营销是科学与艺术的结合。艺无止境，学有路径，相信这本书会助益更多人理解营销本质，体味经典价值。

——**陈为，正和岛副总裁兼总编辑**

菲利普·科特勒的经典作品《营销管理》全书110万字，有大量美国的营销案例，很多人对这本书望而生畏，能完整读完它的人并不多。为了解决经典著作普及化的问题，清华大学郑毓煌教授根据《营销管理》的理论框架，结合大家耳熟能详的中国案例，用通俗易懂的语言描述了到底什么是营销，写成了《科学营销》这本书，全书16万字，可谓深入浅出，非常适合对市场营销有兴趣的人阅读。

——**陈雪频，智慧云创始合伙人**

在无处不营销的今天，99%的人对营销的理解是片面的。甚至很多营销从业人员不能准确说出4P、STP等理论的定义、用法、注意事项，这是基本功不扎实的典型表现。郑毓煌教授的《科学营销》不仅包含科特勒科学营销体系的核心模块，也加入了很多国内外实战案例，帮助大家理解什么是真正的科学营销，打好基本功，创造顾客价值，推荐大家阅读并实践。

——**陈勇，《超级转化率：如何让客户快速下单》作者**

人们总是喜欢追逐那些令人眼花缭乱的商业新理论，殊不知真正有助于创造价值的还是看似寻常的经典常识。这就是学习者的窘境。郑教授的这本书用大量新案例重新诠释营销常识，再一次验证了经典理论的恒久长青，也有助于所有营销从业者跳出学习者的窘境。

——**陈禹安，心理管理学家、"玩具思维"三部曲作者**

我很喜欢读郑毓煌教授的书，原因在于他选取的每个案例都非常鲜活且恰到好处，再加上全球视角的营销理论功底的牵引，使书博而不散，深而不悍，兼具科学性和艺术性，非常有意思。《科学营销》延续了这个风格，把菲利普·科特勒超过百万字的知名教科书《营销管理》浓缩为一本短小精悍、人人都能看懂的市场营销书。向大师致敬，最好的方式就是让更多人"秒懂"、受益于大师的思想。我强烈推荐大家把它和《营销管理》一起读。

——邓斌，书享界创始人、"学习华为"三部曲作者

《科学营销》这本书极具国际视野，以"现代营销学之父"科特勒的营销体系为核心，完整呈现了现代营销的精髓，不仅将全球前沿的营销学方法、实践案例和国际经验引进中国，而且从知识、市场和技术层面还原真正的市场营销学，将帮助更多企业家、经营管理者及从事市场营销的人们更好地理解现代营销的价值。

——邓宇，上海金融与发展实验室特聘研究员

营销需要神来之笔的灵感，但更重要的是要有科学的体系。郑毓煌教授在《科学营销》中以他多年营销教学和实践的功力，为我们梳理了科特勒科学营销理论的脉络，让菲利普·科特勒的《营销管理》这本可望而不可即的百万字经典名著走进每个读者的生活和工作。郑教授的《科学营销》值得学习！

——樊登，樊登读书首席内容官

郑毓煌教授讲课风趣幽默，深入浅出，写的书更是引人入胜，博古通今。营销是企业的必修课，郑教授的《科学营销》集系统、简约、实战、趣味于一体，让读者更容易掌握、应用现代营销科学，可以说是一部营销、销售、品牌、推广等领域人员开展工作的宝典。

——冯卫东，《农资与市场》传媒总编、
中国农业技术推广协会副秘书长

菲利普·科特勒先生有"现代营销学之父"之称，他的《营销管理》不

但被奉为行业"圣经",而且能够不断进化,引入最新的理念、工具和案例。郑毓煌教授的《科学营销》既不是《营销管理》的译作,也不是它的缩略版,而是对经典的提纯和精酿,更具可读性与落地性,是数字化大时代的营销灯塔之作。

——**何伊凡,知名媒体人、《中国企业家》原总编辑**

学习任何知识或技能都有一个极简的方式,因为再复杂的事物都有其本质。清华大学博士生导师郑毓煌教授的这本《科学营销》,就是对110万字的营销"圣经"《营销管理》的极简解读,讲的就是营销的本质。如果你想快速弄懂营销,《科学营销》就是你的第一选择。书中还穿插了大量的中外经典营销案例,人人都能轻松读懂,你能在不经意间明白营销的真谛。

——**廖恒,百万销量畅销书《极简学习法》作者**

营销,人人知其重要性,但都往往低估了它的复杂性。鲜有企业能认清其底层逻辑和系统策略,致使企业一直停滞在"散打式"的低效营销——搞创意活动,做效果投放,整形象升级,弄品牌定位,补内容传播……做了效果不大,不做又心里发慌。郑毓煌教授主张的科学营销体系,从市场战略到营销策略,始终围绕核心竞争力和顾客价值来设计营销体系,出发点与终极目的都围绕着创造顾客价值。这本书能帮大家树立科学的营销认知,学习实效的营销方法,减少营销浪费,降本提效。

——**林传科,高维学堂**CEO

读完郑毓煌教授的《科学营销》,除了知识上的收获,我还对"经典著作"这个词有了进一步的领悟。我们每个人面对的实际问题千差万别,经典往往不直接提供正确答案,而是点燃一盏盏航标灯。得益于那些前人闪烁的智慧之光，我们才能在自己当下的行动中，分辨出哪些是一时一事的权宜之计，哪些才是真正正确的航向。投身营销的人，既需要不断地向前探索和试错，也需要不时地回顾这样的书，被它烛照和校准。

——罗振宇，得到 App 创始人

"人人都需要学习营销，99% 的人却都误解了营销。"这是这本书开篇就吸引我的一句话。现实社会中，不论是个人社交、商业世界，还是城市、国家的对外形象，都不乏营销的身影。郑教授用他 20 多年的营销研究和教学经验，将科特勒科学营销体系与数十个中外品牌实战案例结合，深入浅出地剖析现象背后的本质，既帮助中国企业掌握和应用科学营销的理念和方法，也让更多零营销基础人士感受营销的魅力。

——倪其孔，MBA 智库创始人兼 CEO

营销是企业的基本职能，也是一门博大精深的专业。菲利普·科特勒曾说，经济学是营销学之父，行为科学是营销学之母，数学是营销学之祖父，哲学乃营销学之祖母。他的《营销管理》半个多世纪以来不断更新，成为一部皇皇巨著。郑毓煌教授的《科学营销》将《营销管理》删繁就简，守其核，存其要，简其形，为广大市场主体真正理解和把握营销提供了一把便利的钥匙。

——秦朔，知名媒体人、《南风窗》原总编辑、《第一财经日报》创办人

营销的本质是为顾客创造价值，而不是把产品推广给用户。洞察这一点，所有的营销行为才能构建企业的核心竞争力。郑毓煌老师的这本书用丰富的案例、结构化的思考让我们反复体会到这一点。

——秋叶，秋叶品牌和秋叶 PPT 创始人

通宵读完郑教授的《科学营销》一书，酣畅淋漓！这本书围绕客户价值的八个字——识别、创造、沟通、交付，极为简单却又切中要害地将复杂的营销体系化繁为简，这就是大师的高度和水准！这与我一直倡导和实践的极简管理高度一致，大道至简，抓住核心和要害才是关键，冗长烦琐的文字肯定无法让人理解和掌握。传世经典能让人拍案叫绝、立即行动，而《科学营销》就是这样一本值得深刻研读、借鉴行动的好书！

——**冉涛，深圳百森咨询创始人、《华为灰度管理法》作者**

在《科学营销》这本书里，郑教授用深入浅出的趣味语言、琳琅满目的精彩案例，将科学营销的前沿理论以极简方式呈现出来，这是一本吸收好、见效快、现实指导性强的经典营销著作！

——**佘贤君，中央广播电视总台总经理室广告资源管理部主任**

《科学营销》为读者构建了进入营销学堂奥的高效路径。郑教授在书中介绍了大量经他自己研究的企业案例，一个个案例读起来就是一个个精彩的创业和企业在竞争中胜出的故事。这是一本值得阅读的接地气的营销学著作。

——**施宏俊，资深出版人、芒格书院创始人**

在这个时代，好的产品已经不稀缺了，真正稀缺的是好的营销创意，以及真正懂营销底层逻辑的导师，因为营销所带来的关注、流量、品牌心智，才是现在商业世界的新话语权。强烈推荐郑毓煌老师的《科学营销》，助你高效创业。

——Spenser，**商业自媒体人**

市场营销不仅是一门学科，更是一个人人都需要掌握的技能，无论对打工还是创业来说，都是必备。但是，普通人往往很难读懂专业的营销书，而被一些歪理邪说占据了认知。郑毓煌教授的《科学营销》既系统地介绍了营销的方法和体系，又结合生活、生动有趣，人人都值得读一读这本书。

——**孙圈圈，圈外同学创始人兼 CEO**

《科学营销》将科特勒的营销精髓以贴合中国国情的生动故事娓娓道来。这有如给了企业中高层管理者一幅作战地图，化繁为简，帮助快速把握科学营销体系。营销是企业的核心职能，对组织来说，还意味着可以加速科学营销精神向组织各个角落的渗透，提升核心竞争力。

——**唐文，氢原子 CEO**

世界变化很快，最好要学习和培养有长期价值的知识与能力。最厉害的功夫常常就是基本功。毫无疑问，菲利普·科特勒的科学营销体系就是营销人的基本功，而郑毓煌教授用精练的篇幅、生动的案例、口语化表述之，可以帮助更多人开启科学营销之路。我愿意将这本书推荐给你。

——**唐兴通，数字营销顾问、畅销书《引爆社群》作者**

市场营销学是商学院最难讲的课程——营销是一个看上去门槛很低，但是其实门槛很高的一个学科，每个人都觉得自己是市场营销专家，但是真的能够讲透，能够让大家记住并真正用起来的教授特别少。如何结合专业的视角、通俗的案例把市场营销说透，让人记牢、用上，郑教授堪称典范。祝福《科学营销》让更多的营销人受益！

——**王欣，馒头商学院创始人**

郑教授的《科学营销》，主题是极简科特勒科学营销体系，但它并不是把科特勒经典的营销理论做删减缩略处理，而是以中国市场的品牌实践为基本内容，从中文世界读者的背景知识和理解角度出发，呈现了简明易懂的科特勒经典营销理论。全书生动有趣、简明易读，对于啃不动艰涩理论的我们来说，简直是营养好、易吸收。

——小马宋，小马宋战略营销咨询创始人、《营销笔记》作者

现在越来越多企业关注和讨论私域，并将其变成增长来源。深入这一领域后会发现，新趋势关心的各种答案往往早已出现，不同的增长策略是过去思考的再次验证、再次生长。郑教授的著作《科学营销》恰似在带着我们复习和夯实这些基础，掩卷之余，启发纷至。

——徐志斌，见实科技 CEO、畅销书《关系飞轮》作者

金钱的本质是价值衡量，商业的本质是价值交换，战争的本质是资源占有，社会的本质是优胜劣汰，学习的本质是能力升级。而最后一条，需要更犀利的洞察之眼，才能将底层逻辑提炼成"至简大道"。郑毓煌教授就是有洞察之眼的人，总能从现象中看到本质，从本质中找到规律，从规律中找到落地实操的窍门。所以，石头以"前线老兵"的角色忠告：你要么看这本提炼精华的《科学营销》，要么跳进认知海洋，你最终会发现：营销之美，就是让你一头雾水。

——杨石头，智立方立体营销集群创始人

郑毓煌教授的《科学营销》是商学院教科书级别的营销系统工具书，也是从事营销顶层设计领导者的创新策略宝典。该书浓缩了科特勒科学营销体系的精华，满足了很多因为篇幅长而无法通读菲利普·科特勒《营销管理》的读者的需求，同时结合了郑教授 20 多年营销研究及教学的丰富经验，并加入了国内外众多案例，是一本企业经营者最容易读懂且能运用的营销实战手册。

——张嘉伟，斯坦福大学 dGlobal 设计创新项目中国区负责人

营销是商业世界中经久不衰的重要话题。营销与企业成功息息相关，却经常被误读。《科学营销》这本书追本溯源，以科特勒的经典营销理论为入口，生动而通俗地讲解了什么是真正的营销。这本书包含大量贴近生活的案例，打破理论的艰深藩篱，让读者轻而易举地了解营销的本质。在林林总总的营销书中，郑教授的《科学营销》是帮助读者建立营销体系、掌握营销精髓的极简通道。

——**赵阁宁**，《**哈佛商业评论**》**中文版副总经理**